课题 1：湖北省教育科学规划 2021 年度重点课题“乡村振兴战略下县域学前教育政策执行状况研究”（课题编号：2021GA059）

课题 2：荆门市教育科学“十三五”规划 2020 年度课题“荆门地方传统文化融入幼儿园教育的路径和策略研究”（课题编号：JM202004）

乡村学前教育发展困境与改革路径研究

张丽娟◎著

吉林出版集团股份有限公司
全国百佳图书出版单位

图书在版编目（CIP）数据

乡村学前教育发展困境与改革路径研究 / 张丽娟著
. -- 长春 : 吉林出版集团股份有限公司 , 2024.3
ISBN 978-7-5731-3944-3

Ⅰ . ①乡… Ⅱ . ①张… Ⅲ . ①乡村教育—学前教育—研究—中国 Ⅳ . ① G619.2

中国国家版本馆 CIP 数据核字 (2023) 第 126926 号

乡村学前教育发展困境与改革路径研究
XIANGCUN XUEQIAN JIAOYU FAZHAN KUNJING YU GAIGE LUJING YANJIU

著　　者　张丽娟
责任编辑　关锡汉
封面设计　李　伟
开　　本　710mm × 1000mm　　1/16
字　　数　200 千
印　　张　11
版　　次　2024 年 3 月第 1 版
印　　次　2024 年 3 月第 1 次印刷
印　　刷　天津和萱印刷有限公司

出　　版　吉林出版集团股份有限公司
发　　行　吉林出版集团股份有限公司
地　　址　吉林省长春市福祉大路 5788 号
邮　　编　130000
电　　话　0431-81629968
邮　　箱　11915286@qq.com
书　　号　ISBN 978-7-5731-3944-3
定　　价　80.00 元

作者简介

张丽娟　女，1984年生，江苏泰兴人，荆楚理工学院师范学院讲师，湖北省学前教育研究会第二届理事会理事。2015年、2021年分别在南京师范大学教育科学学院、华中师范大学教育学院访学。主要研究领域为学前教师教育、学前教育政策、幼儿园课程与教学等，重点关注幼儿教师培养与专业发展研究。

前言

中国学前教育由高速增长迈向高质量发展是时代的诉求，学前教育高质量发展必然要求乡村学前教育的高质量发展，这也是当前振兴乡村教育的重点。乡村学前教育的高质量发展不仅可以提高农村儿童的教育水平，还可以促进农村经济的发展和社会的进步。因此，促进乡村学前教育高质量发展是时代发展的应然之举。

然而，在乡村学前教育高质量发展中仍存在现实之困。首先，由于农村地区的经济条件和资源有限，很多幼儿园的设施和师资力量不足，无法满足学前教育的需求。其次，由于农村地区的文化和社会环境不同，很多幼儿家长对学前教育的认识和重视程度不够，导致学前教育得不到应有的重视和支持。

为了解决这些问题，中国政府出台了一系列文件政策，不断增加财政投入，推动乡村幼儿园教师队伍建设，提高幼儿园的设施和师资力量水平。同时，政府还加强了对农村地区学前教育的宣传和教育，提高幼儿家长对学前教育的认识和重视程度。这些措施不仅满足了乡村幼儿家长对优质、公平乡村学前教育的需求，还有效地促进了乡村学前教育的高质量发展，为乡村学前教育指明了方向。

本书一共分为六章。第一章是乡村学前教育的概述，主要包括乡村学前教育的界定、乡村学前教育的定位、乡村学前教育的功能，以及乡村学前教育的任务；第二章为乡村学前教育发展的现状，乡村地区学前教育的成效；第三章为乡村学前教育规划布局与准入标准，分别论述了乡村学前教育的规划布局和乡村学前教育的准入标准；第四章为乡村学前教育办学体制，主要包括大力建设公办幼儿园、努力发展民办幼儿园，以及构建乡村学前教育多元发展格局；第五章为乡村学前教育监管机制，主要包括明确主体责任、建立投入监管机制、健全质量监管机制、完善安全监管机制；第六章为乡村学前教育改革发展路径研究，主要包括加强乡村学前教育教师队伍建设、加强乡村学前教育特色课程建设、加强乡村学前教育的政府主导作用以及推动乡村学前教育的高质量发展。

在撰写本书的过程中，作者得到了许多专家、学者的帮助和指导，参考了大量的学术文献，在此表示真诚的感谢。由于作者水平有限，书中难免会有疏漏之处，希望广大同行及时指正。

张丽娟

2023 年 2 月

目 录

第一章　绪论

本章主要讲述了乡村学前教育的基本内容，包括：乡村学前教育的界定、乡村学前教育的定位、乡村学前教育的功能，以及乡村学前教育的任务。

第一节　乡村学前教育的界定

为了全面理解乡村学前教育的定位、功能和任务，必须对其内涵和外延进行准确的界定和相关性认定。这是研究乡村学前教育特点和规律的必要一步。因此，我们需要对相关概念及其相互关系进行深入的解读和阐释，从而更好地推进整体研究。只有清晰地把握乡村学前教育的内涵，才能确定其外延，明确其定位和任务，进而设计和实施具有针对性和有效性的教育方案，以满足乡村学前教育的发展需求。因此，我们需要从多个维度对乡村学前教育进行分析和研究，以期得出科学、全面、系统的结论。

一、教育

在对某一事物进行定义时，需要同时考虑其本质和归属分类，以确立其独特性和准确性。本质的揭示有助于将该事物与其他事物区分开来，而分类的确定则有助于在相关事物的综合分类系统中将其正确归类，避免出现误判和混淆。因此，定义一个事物需要进行全面思考和研究，以便达到准确而且精细的定义效果。同样，对教育下定义也是如此。“培养”“学习”“训练”等与教育有关的概念，需要与教育作出区分并凸显出教育的本质特征。恰当的教育定义应当具有两方面的特征：一方面，凸显教育的独特性，即教育是一种特殊的社会现象；另一方面，准确划定教育在相关事物的综合分类系统中的位置和范围，以确立教育在该系统中的特定意义。这样的定义不仅有助于我们更好地理解教育的本质和特点，有利于我们对教育进行科学研究和教育实践。

教育的英文源于拉丁文，原意为“引出”或“导出”，其内在含义是通过适当的方法将个体内在的能力和潜能激发出来。教育不是从外部灌输知识，而是从内部启迪和发掘潜力，使个体更好地适应和融入社会环境。因此，“教育”这个词在英语语境中强调的是一种自然的活动，旨在将个体内在的素质、能力和潜能通过自然的方式引导和激发出来，以达到个体的全面发展和成长。

《孟子•尽心上》是汉语中最早提到“教育”一词的经典文献。这篇经典中“君子有三乐，而王天下不与存焉。父母俱存，兄弟无故，一乐也；仰不愧于天，俯不怍于人，二乐也；得天下英才而教育之，三乐也。”[①] 孟子指出君子的三种快乐，其中之一是教育后代。《说文解字》中对“教育”一词的解释是“教，上所施，下所效也”“育，养子使作善也”意思是“教”上施于下，“育”是养育。这表明“教育”是一种上下交流的活动，旨在引导下一代成长，让他们成为善良的人。

在现代汉语中，“教育”一词的含义已经不再局限于这个范畴了。随着中国现代教育事业的不断发展，人们对“教育”的理解也逐渐深入。在 19 世纪末至 20 世纪初，中国迎来了现代教育奠基人何子渊、丘逢甲等先驱，他们创办新式学校，推动了中国教育现代化的进程。同时，清政府也进行了一系列的教育改革，包括废止科举制度，广泛推行新式学堂，在全国推广西方学术，使其逐渐成为学校教育的核心内容。现代汉语中的“教育”一词的通行反映了中国教育从“以学为本”向“以教为本”的转变。今天，“教育”已经成为一个广义的概念，不仅包括传统的家庭教育、学校教育，还包括职业教育、终身教育、社会教育等各种形式的教育。这些教育使“教育”在现代汉语中的含义越来越广泛，同时也更加强调教育的综合性、多样性和创新性。

在教育现代化的进程中，人们对“教育”的理解和应用不断深化和丰富，使得这个词成为一个具有广泛含义的概念，同时也成为推动社会发展和进步的重要力量。

教育的定义因人而异，不同的人会从不同的角度来理解这个词。一般而言，

---

① 杨伯峻. 孟子译注 [M]. 长沙：岳麓书社，2009.

人们从社会和个体两个角度来看待教育。在《现代汉语词典》中，教育被视为一种宏观的社会活动，旨在为新生一代的社会生活做好全方位的准备；同时也被描述为教导、启发这样基本的教育概念。《新华词典》中对教育的定义也包含了两个方面：一方面是“以影响人的身心发展为直接目的的社会活动”，这是从社会角度来表述的；另一方面是“使明白道理”，这将教育与训练等其他活动区别开来，更加准确地表达了其含义。

然而，因为教育的定义受到社会、文化、历史和政治因素的影响，教育的含义也因时间和地域的不同而发生变化。在现代中国，教育的含义囊括了成人教育、基础教育、职业教育、技能培训和高等教育等各种形式的教育活动。在不同的语境和场合中，人们需要根据具体情况来理解教育的含义。

教育是一个非常复杂的概念，其含义受到多种因素的影响。人们在运用和理解教育一词时，需要仔细考虑其特定的语境和含义，以确保其保持准确性和一致性。

从这个角度来看，教育具有明确的目的性。教育不仅是人类发展的必然需求，同时也是社会发展的产物。它的作用不仅是传承文明，还是推动社会进步的重要力量。教育通过向人们传授知识和技能，培养他们的品德和道德观念，使他们更加理解世界和人生，增强他们的社会责任感和创新能力。因此，教育被广泛认为是人类认知和改造世界的积极途径。

教育的重要性不容忽视，它是实现个体自我价值和社会发展进步的重要推动力。

教育在当今社会中扮演着至关重要的角色，是社会的中心，也是促进更深刻、更和谐的人类发展的一种主要手段。

教育的含义不仅限于知识的传授，还包括人格的培养、思维方式的塑造和价值观的建立。这些方面的发展需要教育者和社会共同努力，通过课堂教学、社会实践等多种方式对学生进行全面的培养。

教育是一项高度专业化的培养人的活动，需要我们不断地改进和创新，以适应社会的变化和个体的需求。只有在教育的正确引导下，我们才能更好地发展自己，为社会的进步作出更大的贡献。

二、学前教育

要想明确什么是学前教育，就必须明确人的年龄特点和年龄划分。人的一生按年龄可分为若干阶段，如婴儿期（0—3 岁）、幼儿期（3—6 岁）、儿童期（6—11 岁、12 岁）、少年期（11 岁、12 岁—14、15 岁）、青年期、成年期、老年期等。不同的年龄阶段有不同的年龄特征和不同的发展需要。①

必须根据受教育者的年龄阶段的特点进行有针对性的教育。

梁志燊认为学前教育是“对从出生到入学前的儿童所进行的教育”②。也有与此不同的观点，李生兰认为学前教育是“对胎儿至进入小学前的儿童所进行的教育、组织的活动和施加的影响，它的教育对象包括胎儿、婴儿（0—3 岁）、幼儿（3—6.7 岁）”。③

一般来说，本书所指的学前教育即狭义的学前教育。这种教育是有目的、有计划、有组织地影响幼儿身心发展的教育，是以幼儿园、学前班为主要载体的教育，接受和欢迎家庭教育和社会教育活动的融入。狭义的学前教育在幼儿教育中具有重要的地位和作用，有助于儿童的成长。

加强学前教育已经成为世界范围内未来教育的重要目标之一。随着学前教育逐步被纳入义务教育和终身教育体系，生理学等方面的成果也逐渐应用于学前教育的改革中。在这一进程中，学前教育的目标、制度、内容、方式和方法等方面出现了一些新的趋势。

三、乡村学前教育

对乡村学前教育概念的界定，需要明确其独特的学前教育环境。乡村学前教育是在乡村这一特定环境中实施，并对学前教育产生了深远影响。

在古代社会的早期，人们主要以采集和渔猎为生，在寻找食物的过程中不断地迁徙，居住的地方也很零散，没有像现在的村落那样具有完整的聚落形态。

随着时代的发展，乡村的形态和功能在不断演变。在早期，乡村主要存在于

① 李季湄．幼儿教育学基础 [M]. 北京：北京师范大学出版社，2000.

② 梁志燊．学前教育学 [M]. 北京：北京师范大学出版社，1990.

③ 李生兰．学前教育学 [M]. 上海：华东师范大学出版社，2006.

农业生产和居住的需要之下，聚居规模相对较小。随着生产力和社会分工的不断提高和细化，乡村的功能得到了拓展。现代乡村通常包括基础设施，还涵盖了一些生活服务和文化设施，如商店、诊所、邮局、学校等。这些设施为居民的生产、生活提供了便利，也丰富了乡村社会文化。现代乡村不再是单一的农业生产和居住区域，而是一个集生产、生活、文化、社交于一体的综合体。

在全球范围内，对乡村的定义和划分有所不同。在我国，乡村是指县城以下广大地区。乡村可以根据经济活动内容进行分类，如农业村、林业村、牧村和渔村等，也可以按照其行政性质进行划分，如自然村和行政村。自然村是指人们自发形成的村落实体；行政村是指由乡镇政府管理的村级行政单位。

由于历史和地理的原因，我国的乡村经济、文化和教育相对落后，生产力水平也较低。本书所研究的乡村主要指自然村，即人们自发形成的聚居区域，而不是行政村。

乡村学前教育是指为乡村、自然村的学龄前儿童提供教育服务的幼儿园或办园点，它是一个比较完整的概念体系。乡村学前教育和城镇学前教育在本质上是相同的，都属于学前教育范畴。

第二节　乡村学前教育的定位

国民教育体系是指，由主权国家提供不同形式、层次和类型的教育服务的系统，旨在为享有公民权利的所有人提供教育。该体系包括学前教育、小学、中学和大学。乡村学前教育是国家教育发展中最需要关注的部分之一。

一、乡村学前教育是基础教育的基础

随着教育改革和发展的推进，中国的国民教育体系正在不断完善和发展。国民教育体系是整个教育系统的基础和保障。当前，国民教育体系已经形成以普通教育和职业教育为基础，以构建学习型社会和提高全民素质为目的。随着我国城乡经济、社会、文化的不断发展和变化，中国的教育体系面临着前所未有的挑战。进一步完善国民教育体系，提高教育质量和公平性，助力中国实现现代化建设的

目标，已经成为当前我国教育发展的重要任务。同时，我们也应该深刻认识到，只有发展完整、协调和可持续的国民教育体系，才能够满足大众对优质教育的需求，促进社会经济和文化的发展，实现人的全面发展的目标。

国民教育是指以成长教育为中心的国家学历教育，其核心是学校教育。国民教育体系是由学前教育、小学、中学和大学等要素构成的。近年来，随着教育学术界对我国教育改革和发展的认识逐步提高，“国民教育”和“国民教育体系”的重要性也越来越受到重视。因此，建立完善的国民教育体系，实现全民教育的目标，应成为国家教育改革和发展的重要方向和战略目标。

目前，我国已初步建立现代国民教育体系，但其构想、目标和意识仍不够科学、明确，尚存在缺陷。当前的国家教育体系以终身教育为核心，以推广教育和职业教育为基础。虽然国民教育体系已经具备了基础性、层次性和普遍性等基本特征，但还需进一步完善和优化。

为实现这一目标，需要推进教育公平和优质教育资源均等化，加强教师培训和教育教学改革，提高教育质量和水平。同时，应加强终身教育体系建设，加强学历教育与职业教育的有机结合，完善成人教育和社区教育，促进个人终身学习和全民素质提升。另外，还应推进教育信息化和智能化技术的应用，提高教育教学效率和质量。只有这样，才能不断提升国民教育的整体水平和素质，为建设现代化强国作出更大的贡献。

在我国的国民教育体系中，学前是人终身发展的关键阶段，学前教育应该成为国民素质提高的基石。

作为我国教育制度的第一阶段和基础教育的重要组成部分，学前教育对整个教育事业的发展起着重要的作用。学前教育通过帮助幼儿做好准备，包括社会适应能力、学习适应能力、身体素质、良好的学习习惯、行为习惯、态度和能力等方面的准备，有助于幼儿顺利适应小学的学习生活。因此，学前教育的发展和完善是当前基础教育的重要任务之一。

我国的学前教育在全面发展和公平公正方面扮演着重要角色，而乡村学前教育则是其不可或缺的核心因素。随着社会的不断发展，人们对于教育的期望也在不断变化。学前教育作为教育的基础，近年来备受瞩目，受到了广泛关注。为了促进学前教育的全面均衡发展，学前教育已逐步被纳入义务教育体系，我国逐步建立了以公办幼儿园为主导、社会力量广泛参与的学前教育服务网络。

我国的农村人口占全国总人口的36.11%，农业是国民经济的重要支柱。因此，农村学前教育的发展对于整个国家的学前教育事业具有重要的影响作用。然而，由于乡村地区的资源缺乏和基础设施不完善，农村学前教育面临着许多问题。例如，教育条件滞后、师资不足、幼儿园建设滞后等问题仍然存在。这些问题使得农村学前教育的发展受到限制，很多农村幼儿缺乏得到良好学前教育的机会，这对于他们今后的学习和发展可能会有长期的影响。因此，加强农村学前教育的发展，改善其基础设施和提高教育质量，是我国学前教育发展的重要任务。

为了解决这些问题，我国一直在大力发展乡村学前教育。例如，相关部门加大了对农村学前教育的投入力度，出台了相关政策法规和相关支持措施。此外，我国还鼓励社会力量积极参与乡村学前教育事业，如设立义务教育捐赠基金、支持社会组织参与学前教育等。

深入了解农村地区学前教育的需求和影响其发展因素具有极其重要的意义，这符合我国在中长期教育改革和发展纲要中对于重视和支持农村教育的精神。了解农村家长对学前教育的需求，可以帮助相关部门和教育机构更好地了解乡村地区的实际情况，以更好地满足农村家长的需求，改善乡村地区的学前教育条件。同时，了解农村地区学前教育的影响因素，可以帮助我们制定更为科学、合理的政策和措施，以促进农村地区学前教育的全面发展。

二、乡村学前教育是教育公平的保证

在推进教育公平方面，政府制定了多项政策措施，以保证教育公平。这些措施包括提供财政补助，发展农村和经济不发达地区的教育事业，建立公平的招生制度，加强对优秀教师和学生的奖励等。这些措施旨在让每个孩子享有平等的受教育机会，然而，实现教育公平并不容易。在城乡、地区、贫富等方面存在着许多不平等的因素，这些因素直接影响每个人获得优质教育的机会。因此，我们需要持续努力，不断完善保证教育公平的政策和措施，以便更好地推进教育公平，实现每个人平等享有教育的目标。

教育公平包括三个层次：第一层次是保障人人享有平等的受教育的权利和义务，即起点公平；第二层次是提供相对平等的受教育机会和条件，即过程公平；第三层次是保证教育成功机会和效果相对均等，即结果公平。这三个层次相互联系。在这三个层次中，作为前提和基础的是“确保人人都有受教育的条件”，而“教育成功机会相对平等”和“教育效果相对均等”的前提是“提供相对平等的受教育机会和条件”，同时，这也是“确保人人都有受教育的条件”的进一步要求。第一，在起点公平层次，教育公平的核心是教育机会的均等性。教育机会均等意味着每个人都有平等的机会接受教育。这也是教育公平的前提和基础。第二，在过程公平层次，教育公平要求提供相对平等的受教育机会和条件。这不仅包括教育资源的配置和供给，还包括教育的质量和师资力量的平等性。第三，在教育公平的层次，教育结果公平是一个重要的方面，其要求教育成功的机会和效果相对均等。

教育公平可以从多个方面来体现，其中最重要的是制定一系列的教育政策和措施，以保障每个学生的受教育权利。这些政策和措施既包括在教育资源的配置和供给上采取的一系列措施，如教育经费的投入、教师队伍的建设、教学设施的建设等，也包括在教育过程中对学生的平等对待和公正评价等具体措施。此外，教育公平还需要全社会共同努力，进而推进教育现代化，提高教育质量。

教育公平理念的普及促进了学前教育公平理念的形式，教育公平主要表现在以下三个方面：首先，教育机会平等这主要体现在重要的入园率指标上。其次，教育过程的公平主要涉及资源的公平分配，包括师生比、教师学历、教师工资和生均公用经费等方面的平衡。最后，教育结果的公平是学前教育公平的重要体现。只有在学前教育的公平性得到充分保障的前提下，每个孩子才能公平地站在人生起点上。作为基础教育的重要组成部分，学前教育公平的实现有利于促进社会公平。

然而，要想实现学前教育的公平，还需要克服许多挑战。首先，很多地区还没有足够的学前教育机构，或者机构的数量和质量都不够。其次，学前教育的费用问题也是一个难点。高昂的学前教育费用往往会限制家庭经济条件较差的孩子接受优质的学前教育。最后，缺乏受过专业培训的教育工作者和质量保障机制也是学前教育公平面临的难题。

针对这些挑战，各国政府和社会各界需要采取积极的行动，应该加强政策支持和投入，提高学前教育机构数量和质量，推广普及学前教育；此外，还需要通过建立和完善相关法律法规和质量监管机制，确保学前教育的质量和公平。只有这样，我们才能更好地保障所有孩子接受优质的学前教育，以实现教育公平这一目标。

可以看出，学前教育公平已经成为当今世界幼教改革和发展的重要趋势。作为基础教育的重要组成部分，学前教育的公平对于确保教育公平起着关键性作用。因此，我们需要继续致力于推进学前教育公平的发展，为儿童的成长和未来的发展奠定坚实的基础。

三、乡村学前教育是教育短板

乡村教育在提高国民素质方面担负着十分重要的责任，这是因为它覆盖范围广泛且数量庞大。近年来，乡村学前教育在推动当地经济和社会全面小康社会建设方面扮演了基础性和全面性的角色。虽然我国乡村教育改革和发展已取得很大进步，但乡村学前教育仍面临诸多挑战和难题。乡村学前教育的宗旨是普及学前三年教育、改善办园条件、提高保教质量，以及满足大众不断增长的教育需求。它以科学发展观为指导，全面贯彻有关学前教育的方针政策。为了满足当地居民对教育的需求，必须采取措施加强乡村学前教育的建设，提高其质量，推动乡村教育整体实力的提升。

为了提高乡村幼儿园的教育质量，需要采取以下一系列措施：

首先，地方政府应该给予其充分的支持，提高对学前教育的认识和重视程度。

其次，需要增加经费投入，建立健全管理机制，制定合理的办园体制。这将有助于改善幼儿园的办学条件，提高教育质量。

再次，应该加强幼儿园教师的培训和职业发展，提高其教育教学水平和专业素养。

最后，应该加强对家长的引导和教育，提高其对学前教育的重视程度，促进家庭和幼儿园的积极互动。

综上所述，这些措施将会有助于改善乡村幼儿园的办学条件，提高学前教育的质量。只有这样，才能为幼儿提供一个更好的成长环境，让他们健康、快乐成长。

解决幼儿教师问题需要加大投入，提高幼儿教师的专业素质和待遇，建立幼儿教师编制制度，加强幼儿教师培训和管理，为学前教育的发展提供坚实的师资支持。

为了解决这些问题，需要提高这些家长的教育意识和水平。同时，相关部门需要加大对农村幼儿教育的投入，提高教育资源配置的效率。此外，幼儿教育应该更加注重幼儿的全面发展，而不是注重单纯的智力开发，要让幼儿在生活中学习、在游戏中成长，以达到更好的教育效果。

教育已成为社会发展的焦点话题。随着农村经济的迅猛发展，农村教育成为全社会不可忽视的重要议题。科技和教育在经济发展中的重要性不言而喻，如今农村家庭对教育的投入甚至占据了家庭总收入的很大一部分。这表明农村教育受到了足够的重视。在这样的背景下，我们应该关注农村学前教育的现状：农民朋友是否已重视学前教育？农村孩子是否能受到良好的学前教育？

我们必须加大对农村学前教育的投入，改善教育环境，提高师资力量，完善教育体制，降低教育经费的负担，加强监管，促进农村学前教育的全面发展，为国家的现代化建设和社会的可持续发展奠定坚实的基础。只有这样，才能够真正实现教育对农村经济发展的促进作用。

为了促进全球教育的发展，加强早期儿童教育，为每个孩子提供高质量的学前教育机会已成为国际社会的重要方向。为了适应全球政治经济格局和中国现代化建设的要求，我们需要从长远的角度来思考学前教育的发展问题，并使之站在教育舞台的中心。为实现国家纲要的目标，需要加大在农村领域的投入，政府应该加强对农村学前教育的投资，制定具有针对性和可行性的政策和措施，提高农村学前教育的质量和水平。同时，应该注重培训教育工作者，提高他们的专业能力和素质，以便为学前教育提供更好的服务。只有这样才能更好地服务农村地区儿童，并满足儿童家长的需求，促进教育公平和社会进步。

第三节　乡村学前教育的功能

学前教育是基础教育的重要组成部分，其重要性不言而喻。它在构筑终身教育体系方面扮演着基础性、先导性的角色。随着大众对教育需求的日益增长，学前教育成为满足这种需求的重要途径之一。此外，学前教育能够促进幼儿身心全面健康的发展，提高国民素质，以及为经济社会的持续健康发展提供有效的支持。正如著名教育家陶行知所言，小学教育是国家发展的根本，而幼儿教育则是根本之根本。

在加强学前教育工作的过程中，需要全面加强对学前教育的规划和管理，为幼儿提供更好的教育资源和条件。我们还应该注重幼儿身心健康的发展，提高幼儿生活自理和社会适应能力。同时，我们也需要倡导家庭教育，让家长更加了解幼儿教育的重要性，并积极参与幼儿教育，为幼儿的全面发展提供有力的支持。

提升农村学前教育质量对于制定正确的农村学前教育发展策略，了解农村学前教育的现状，以及各界对待农村学前教育的态度非常重要。只有深入了解农村学前教育的实际情况，才能更好地解决农村学前教育发展中存在的问题和矛盾。同时，我们需要积极探索和借鉴国内外成功的经验和做法，逐步推进农村学前教育的改革与发展。只有这样，才能确保农村学前教育能够更好地满足大众的教育需求，促进农村地区儿童的全面发展，为农村的经济社会发展提供坚实的基础。

为此，我们应该积极加强乡村学前教育工作，提高农村学前教育的普及率和教育质量，缩小城乡教育差距，为农村幼儿的未来打下坚实的基础。为了促进农村学前教育的发展，除了制定正确的发展策略外，还需要采取一定的措施来吸引和支持更多的教育人才到农村从事学前教育工作。同时，相关部门应加大对农村学前教育的投入，为农村教育提供更多的资源和保障。这可以通过提高农村学前教育教师的待遇、为其提供更多的培训机会、加强对学前教育机构的建设和改善教学设施等方式来实现。

政府和社会力量共同合作，推动农村学前教育的发展提供更多的政策和资金支持，确保农村学前教育得到充分重视和发展。只有这样，才能实现“让每个孩子都享有公平而优质的教育”的宏伟愿景，才能推动我国教育事业的健康发展。

一、农村人口素质提高的基础

学前教育是社会进步和文明发展的标志，是一个人智力发展和性格形成的关键阶段，也是基础教育的重要组成部分。学前教育不可小觑，它是一个人在人生中的第一堂课，同时也是各类教育的基础。推进学前教育的发展对于提高基础教育的质量和普及水平，构建全方位的终身教育体系具有重要意义。

美国著名心理学家布罗姆博士指出：一个人的智力发展在 4 岁时已经完成了 50%；接下来的 4～8 岁期间，又会有 30% 的智力增长；最后的 20% 则在 8 岁以后的时间里完成。这一段话阐述了学前教育在智力发展中的重要性。如果一个孩子在 8 岁时开始上小学，那么在此之前就属于学前教育阶段。在这个关键时期，人的智力发展已经完成了 80%，因此科学的指导和培养对智力发展至关重要。学前教育不仅能帮助儿童建立良好的学习习惯和自我管理能力，还能促进其语言、认知和社会性的发展，为其未来的学习和生活奠定坚实的基础。为此，在学前教育阶段，父母和教育者应当创建积极的学习环境，引导孩子进行科学、有趣的学习，培养其学习兴趣和自主学习的能力，从而促进其智力的全面发展。

对于学前教育的重视程度，体现在个人发展方面，涉及整个社会的未来。发展学前教育能够帮助我们高质量、高标准地普及基础教育，并为构建终身教育体系奠定基础。在这个过程中，学前教育需要得到充分的重视和支持，从而使更多的孩子能够接受高质量的学前教育，为他们未来的发展打下良好的基础。

学前期儿童的大脑还没有完全定型，具有良好的修复性。积极提供适宜的学前教育对于儿童的大脑发育和儿童的认知能力的提高都具有十分重要的意义。因此，我们应该充分认识到学前教育在促进个体全面发展和国家社会进步方面的重要作用，加强对乡村幼儿教育的关注和支持，推动学前教育事业的全面发展。

（一）学前教育对于农村人口品质发展的重要性

社会性和人格品质是构成个体素质核心的要素，这些品质是在社会化过程中逐步形成和发展的产物。学龄前阶段是儿童社会化的起始和关键时期，也是他们最初、最基本地形成和发展对人、事、物情感和态度的时期。儿童的行为、性格和人格基础是在后天环境和教育的共同影响下逐渐形成和发展的。据研究表明，儿童在 6 岁以前会形成基本的行为习惯和情感素养，同时，这个时期也是培养儿童良好社会行为和塑造其个性特质的关键时期。这些社会性和人格品质在儿童日后的社会性和人格发展中具有持久的影响。

儿童顺利适应环境和社会生活、健康成长和成才所需的必要条件之一，就是良好的社会性和人格品质。在学前期进行适当的社会性教育，有助于有效促进儿童的社交能力、爱心、责任感等社会性和人格品质的发展。相反，不良的学前教育可能会使儿童形成消极的社会性和人格品质，对其日后的发展产生不利影响。因此，家长必须为儿童提供良好、适宜的教育环境，以促进他们的社会性和人格的健康发展。

学前期是儿童塑造各种行为、习惯和个性的重要时期。孩子所处的环境和接受的教育是构成行为和个性的基石。因此，为了促进儿童社会性和人格品质的发展，教育者应该提供适宜的学前教育和社会性教育。适宜的教育方案不仅要注重儿童知识技能的培养，还要注重儿童社会性和人格品质的培养，使儿童能够更好地适应未来的社会生活。接受了适宜社会性教育的儿童在各方面的发展水平都会显著高于没有接受过这种教育的儿童。

（二）学前教育对于农村人口认知发展的重要性

学前期阶段对于人的认知发展是最为关键的。在这一阶段，人的认知也是发展最为迅速的。农村人口的素质涉及技术技能、理论素养和思想道德素质等方面。要从根本上提高农村人口的素质，就必须让他们迈向现代化。农村人口的素质水平相对较低，导致他们在经济、教育、文化等方面与城市人口存在一定的差距。

提高农村教育的质量和水平，是提高农村人口素质的关键。为了改善农村人口素质，需要加强农村基础设施建设，提高农村教育和文化水平，培养农业人才，加强农村管理和生态建设等方面的工作，从而促进农村的全面发展。

推进农村人口素质现代化的任务包括重塑基本人格的现代化范式、提升技术技能，以及推进民主政治建设等。通过这些措施的实施，农村人口将能够更好地适应现代化的需求，发挥他们在农村社会中的重要作用，为实现农村现代化、建设社会主义新农村做出更大的贡献。

二、和谐乡村建设的保证

社会主义和谐社会的目标十分明确，即要建立一个全体人民各尽所能、各得其所、相互之间和谐相处的社会。社会由多个元素组成，社会和谐的实现取决于社会构成要素之间的协调和互动。作为社会构成元素之一的乡村，其和谐程度直接关系到和谐社会的最终实现。由于乡村是我国社会的重要组成部分，因此，加强乡村建设，提升乡村经济、文化、生态等方面的发展水平，是实现和谐社会目标的重要途径之一。只有通过优化乡村资源配置，提高农民的生活水平和幸福感，加强乡村社会治理，才能最终实现社会和谐。

和谐社会建设需要各界的积极参与，而教育则是建设和谐社会的基石和保障。在推进和谐社会建设的过程中，人的素质和能力扮演着基础性的角色。只有提高人的素质和能力，才能促进社会的和谐与稳定。教育应该注重培养人们的道德素质、社会责任感和创新能力，为和谐社会的建设做出积极贡献。教育应该成为培养人才、提高人才素质的重要渠道，从而提高整个社会的素质和能力水平，从而推动现代化建设。另外，教育还有助于缩小社会不同阶层之间的差异，促进社会合理流动。这是因为教育不仅可以提高人的知识水平，还可以培养人的创新能力、自主学习能力和终身学习意识，从而增强人们适应社会变革的能力，实现人的全面发展和社会的可持续发展。因此，教育的发展应该成为全社会共同关注和努力的方向，不断推动教育的质量和水平提高，为构建和谐社会提供强大的人才保障和智力支持。

乡村教育是影响乡村社会和谐的主要因素，也是制约整个社会和谐的主要瓶颈。乡村学前教育的质量直接影响着培养乡村儿童的良好品德、积极态度和广泛兴趣的效果。因此，要加强对于乡村教育的投入和管理，提高教育质量，以更好地满足农村儿童多元化、全面发展的需求，为构建和谐社会提供有力的人才和智力支持。乡村学前教育可以更好地发现、挖掘和发展乡村儿童的潜能和创造性，为他们未来的成长和发展奠定基础。

大力发展乡村学前教育，可以从源头上抓好乡村人口素质的培养，有助于实现乡村和谐，进而实现整个社会的和谐。其具体的作用有以下三个方面：

首先，大力发展乡村学前教育有助于促进乡村人口素质的提高。乡村学前教育是一个国家和社会向农村地区提供的基础教育，不仅可以让孩子们得到智力和体力上的锻炼，更重要的是，可以让他们得到道德和文化上的熏陶，增强他们的社会责任感和家庭责任感。通过学前教育，农村儿童可以学到更多的知识和技能，提高自身素质，能够更好地适应社会和经济发展的需求。

其次，大力发展乡村学前教育有助于促进乡村人口合理的分层和流动。由于多方面的原因，我国的一些乡村人口一直处于社会底层。部分地区经济发展滞后，农民收入较低，乡村人口的分层问题日益凸显，且乡村居民享受的社会财富和精神文化生活相对较少。为了改变这种情况，必须以教育为核心，推动经济发展和文化进步，促进乡村居民的个人进步和向上流动。教育是最有效的社会阶层流动方式之一，具有公平的竞争方式和维护公正的文化资源分配的作用。因此，促进乡村人口的合理分层和流动可以维护乡村的稳定与和谐，必须从乡村学前教育的发展入手。

最后，大力发展乡村学前教育有助于乡村文明的实现。乡村文明是构建和谐乡村的重要前提，乡村文明水平的提高是实现乡村和谐的重要保障。教育是提高乡村文明的关键手段，而乡村学前教育是不可替代的部分，对于实现和谐乡村的目标起着独特且重要的作用。因此，加强乡村学前教育的发展，促进乡村教育观念和制度的转变，已经成为当前我国教育发展的一个战略重点。

三、乡村文化的传承

乡村文化是指在乡村共同体内，由人与人、人与自然、人与社会的长期互动和作用而形成的一种独特文化。它包括田园景观、农耕生产、建筑饮食、节庆民俗、村规民约、手工艺品、民间文艺、民间体育等乡村生活的方方面面。对于乡村文化的诸多方面，学者们将其分为三类：一是乡村自然，田园风光和乡村山水属于这一类；二是乡村居民的自然生产与生存方式，包括居住、信仰、娱乐、节庆、服饰、礼仪、婚嫁、饮食、丧葬等；三是建立在乡村自然与村民自然生存方式之上的活动文化样式，包括民间文艺、民间故事、传统习俗、民间体育、民歌民谣等。[①] 这些方面组成了乡村文化的内在结构。乡村文化不仅是乡村生活方式的体现，也是中国传统文化的重要组成部分，具有重要的意义和价值。维护和传承乡村文化是保护和弘扬中华民族文化的重要举措，也是实现乡村振兴的重要任务。在乡村振兴的进程中，应该注重传统文化的保护和传承，发挥乡村文化在经济、社会和环境发展中的积极作用，促进乡村文化与现代文明的融合发展，共同推动乡村振兴事业的发展。

中国自古以来一直是农业大国，农耕文明是中华文明的源头。在漫长的农业生产过程中，中国创造了独具特色的乡村文化，乡村文化进一步演化成为中华文化的核心。这种文化包括民间艺术，如舞龙、舞狮、剪纸和蜡染等，还包括原生态的民间小调和动人的民间故事。同时，乡村文化还蕴含着天人合一的自然主义情结，强调尊老爱幼、感恩图报的慈孝道德观，以及平和淡然的生活态度和充满希望的未来展望。

乡村文化一直具有独特的、不可替代的价值。然而，随着社会的发展，乡村文化遭受到了巨大的冲击，尤其是城市文化的涌入，使得一些乡村文化面临着消失的危险，这就迫切需要我们去传承和保护乡村文化。

为了保护和传承乡村文化，需要加强对其价值的认知和宣传，同时需要通过加强文化教育和旅游开发等途径，切实增强人们对乡村文化的保护和传承意识。此外，还需要鼓励和支持当地居民积极参与乡村文化的传承，建立相关的社团组织和志愿者队伍，共同推动乡村文化的发展和传承。只有这样，才能够真正保护乡村文化这一宝贵的精神财富，使之在现代社会中继续发扬光大。

乡村文化的传承要从娃娃抓起，而乡村学前教育作为国民教育体系的第一步，被视为乡村文化传承的重要起点。在乡村地区，学前教育不仅要承担着启蒙教育的责任，还要培养下一代接班人，以实现乡村文化的传承。乡村学前教育的课程

① 周军.中国现代化与乡村文化建构[M].北京：中国社会科学出版社，2012.

设置和农家游戏的开展在寓教于乐的同时，不仅传授了科学知识，更重要的是完成了乡村文化的自然传承。因此，乡村学前教育在乡村文化的保护和传承中具有不可替代的重要作用。

第四节 乡村学前教育的任务

本书的重点是从人口城市化的角度来探讨乡村学前教育的任务。随着我国城市化进程的加速发展，教育应超越城乡二元分割僵化思维的限制。乡村学前教育的任务不仅仅是为乡村学龄前儿童提供集中场所和初步知识的传授，更应该从推进农村人口城市化的战略高度出发，重点关注乡村留守儿童的教育保障、留守乡村弱势家庭的补偿，以及促进乡村社会的合理分层和流动等方面。乡村学前教育的发展必须与推进农村人口城市化相结合，这不仅是解决乡村留守儿童教育问题的重要途径，也是促进乡村社会、经济和教育等各项事业健康、稳定发展的必然选择。因此，我们需要探讨新的乡村学前教育发展模式，采取针对性的政策措施，提高乡村学前教育的质量和效益，为推进农村人口城市化、建设社会主义新农村做出积极贡献。

一、留守儿童的教育与保护

受农村整体经济、文化及教育发展相对滞后等多种因素的影响，农村留守儿童的教育状况一直备受关注。农村留守学前儿童的心理健康和智力发展面临着巨大的挑战，其教育问题日益凸显。留守学前儿童的年龄普遍不足六周岁，他们的父母往往在其婴儿期就外出打工，将孩子留在农村交由祖父母、亲戚或朋友代为抚养和教育。

在学前阶段，即六岁之前，儿童的神经系统正在迅速发育，因此，这一时期的教育对儿童发展具有至关重要的影响，同时也是发展潜力和智力的必要条件。学前教育是一种有目的、有计划、适应儿童发展的教育，实施这种教育可以有效地促进学前儿童的发展，从而促进学前教育与儿童发展之间的协调和联结。特别是对于生活在农村的儿童，尤其是留守儿童，良好的学前教育可以为他们未来的学习和发展奠定坚实的基础。然而，由于父母为了生计而在外打工，成为留守儿童的孩子们需要更多的关爱和良好的教育。尽管留守儿童问题是城乡二元化结构的产物，但我们应该认真对待这一问题，并为促进留守学前儿童的身心健康发展和改善他们的教育环境而不断努力。留守儿童的学前教育应该注重适应孩子的特殊情况和需求，同时需要借助家庭、学校、社区和相关部门等多方力量的合作和支持。孩子是祖国的未来，我们应该为他们的健康成长和发展而努力。

二、留守乡村的弱势家庭的补偿

现代教育系统由三种基本形式组成：家庭教育、学校教育和社会教育。这三种形式在不同的领域中承担着重要的培养人的任务。家庭教育是一个人教育的起点，是儿童社会化不可或缺的关键。它在儿童的成长过程中扮演着重要的角色，对儿童的性格形成、人际交往、价值观念等方面产生着深远的影响。而学校教育则占据着教育体系的主导地位，是儿童学习的主要场所。学校教育不仅是传授知识和技能的重要途径，还培养了学生的团队协作、领导能力和自主学习能力。通过社会教育，儿童可以认识社会和自我，获得更广泛的人际交往和经验，增强社会适应能力和竞争力。三种形式的教育相互联系、相互支持，构成了现代教育的重要组成部分。

农村留守学前儿童面临诸多问题。

其中，单亲家庭的教育问题较为突出。由于单亲监护人需要独立承担家庭的全部负担，往往无法顾及孩子的情绪和情感变化。一旦孩子有所不如意，他们就会采取严厉的“呵斥教育”方式。

除此之外，隔代教育也存在很大的问题。在隔代抚养的情况下，老年人的身体状况和文化程度往往无法适应现代教育的需求。老年人往往缺乏与孩子的沟通，很难了解孩子的内心思想，难以发现孩子的不良思想苗头，从而难以对孩子进行教育管理。这在很大程度上也影响了学生综合素质的养成和提高。

针对这一问题，应该尽快解决留守儿童面临的困境。相关部门应该加强对留守儿童的关注和帮助，为他们提供更多的精神和物质支持，让他们能够感受到亲情和关爱；同时，也应该加强对老年人的教育和培训，提高他们的文化程度和教育水平，以便更好地帮助孩子。

在对留守学前儿童的照管中，一些祖辈表现出溺爱的态度，他们关注孩子的物质生活，但却缺乏对孩子道德和精神方面的正确引导。此外，对于一些留守学前儿童的监护人来说，其教育观念往往相对保守且滞后，他们对孩子的要求十分严格，甚至会采用体罚等极端手段，这种方式容易导致孩子产生敌视或报复心理。

监护人与孩子的年龄相差较大，大多数监护人教育水平不高，难以进行合理科学的监管，这也不利于留守学前儿童身心健康的发展。监护人可能是父母的亲戚朋友，他们在教育留守学前儿童方面几乎没有实际作用。这些监护人对留守学前儿童的教育问题表现出“不敢管”或“不愿管”的心态。对于他们来说，孩子的安全是最重要的，而这些孩子的行为习惯和心理需求很少受到重视。留守学前儿童需要的是一个相对稳定、健康的成长环境，同时也需要社会上各方面力量的共同关注和支持，这样他们才能够更好地发展和成长。

首先，针对这些问题，我们应该加强家庭教育，提高祖辈和隔代监护人的教育观念，注重道德和精神方面的引导，并且避免过度溺爱和体罚。其次，我们也应该加强亲戚朋友的教育责任感，引导他们关注留守学前儿童的行为习惯和心理需求，发挥他们在孩子成长中的积极作用。最后，解决留守学前儿童的教育问题需要社会各界的共同努力，家庭、学校和社会三个环节必须相互合作，承担起自己的责任，共同给予留守学前儿童关注和帮助，以促进他们的身心健康发展，实现良好的成长。

第一，家庭是孩子身心健康发展的重要场所，家长应该采用多种方式促进留守学前儿童的健康成长。家庭教育对于解决留守学前儿童的心理发展和教育问题至关重要。为此，一方面需要通过宣传，让父母认识到家庭教育对留守学前儿童身心健康发展的重要作用，鼓励父母经常与孩子保持沟通。另一方面，需要建立父母与孩子、幼儿园之间的联系纽带，帮助留守学前儿童的父母建立孩子成长档案，使父母能够随时了解孩子的具体情况，进而更好地指导孩子的教育。此外，还需要改变留守学前儿童监护人的教育观念，转变老年人只关注身体健康，而忽视心理沟通交流和兴趣培养的观念。

第二，幼儿园是留守学前儿童教育的重要环节，应该加强学前教育的师资力量和培训，提高教师的教育水平，为留守学前儿童提供更好的教育服务。幼儿园在留守学前儿童教育中担负着重要责任，应该加强管理与教育工作，给予留守学前儿童更多的关注和关爱。同时，要针对留守学前儿童的特殊情况，制定相应的教育方案，实施个性化教育，促进孩子的全面发展。具体措施包括：一是，建立农村学前教育规范制度，对留守学前儿童的教育进行规范化管理。二是，为了促进农村学前教育的发展，应该加强师资队伍建设，可以通过鼓励优秀幼儿教育工作者到农村幼儿园任教、定期为农村幼儿园教师组织业务培训等措施提高农村学前教育师资力量，从而为农村幼儿提供更好的教育服务。这些措施有助于提高农村学前教育的质量，促进留守儿童的健康成长和发展，同时也有助于提高农村教育的整体水平。这些措施还可以为留守学前儿童提供更多的关爱和帮助，促进其身心健康的全面发展。

第三，应该鼓励社会力量关心并支持留守学前儿童，发挥社会教育在此问题上的积极作用，通过营造健康向上的育人环境和形成全社会关心农村留守学前儿童的氛围来解决这一问题。同时，政府也应该完善相关法律法规，出台相关政策，切实履行政府的职能。社会也应该承担起关注留守学前儿童教育的责任，可以通过各种形式开展公益活动，为留守学前儿童提供教育支持和帮助，提高他们的教育水平和生活质量。此外，相关部门应该加大对留守学前儿童教育的投入，促进留守学前儿童教育的均衡发展，为他们的成长提供更好的保障。

三、促进社会的合理分层和流动

首先，为了推动社会流动，需要采取措施来创造公平的教育机会，提高教育的质量，使更多的人可以通过教育获得更多的机会，实现向上流动。此外，政府需要建立公平的竞争环境，采取有利于流动的政策措施，为人们提供更多的发展机会和更好的发展条件。最后，社会需要创造一个支持和鼓励人们积极进取的环境，让每个人都有机会在各自的领域中取得成功。

教育能够帮助个体获得更多的社会技能和知识，进而更好地适应社会变化，从而增强社会流动能力。

教育在实现个体向上流动中发挥着重要的作用。研究发现，个人的职业与其受教育程度密切相关。对于渴望向上流动的人来说，职业是实现这一目标的关键途径。个人和群体在选择教育路径时，会优先考虑获得更高的学历文凭和职业前景。这也为农村幼儿努力学习小学教育内容找到了看似“合理”的理由。

在当今社会，教育的经济功能和选择功能得到了充分的发挥，教育的价值被越来越多的人所认可。教育不仅可以提高个人的人力资本和竞争力，也能为社会经济发展做出贡献。因此，教育应该被视为一个重要的社会资源，需要得到充分的重视。

第二章　乡村学前教育的发展现状

乡村地区作为我国教育事业发展薄弱区域，了解其发展情况非常重要。本章主要介绍乡村学前教育的发展现状。

一、我国政策支持乡村学前教育发展

改革开发三十多年来，我国国民经济整体水平不断提升，人民的生活质量不断提高。当前，我国正处于改革与发展关键时期，学前教育作为满足民生重大需求的重点领域和社会公共服务体系的重要组成部分，成为我国政府当前和未来教育改革的重要着力点之一。

自2010年以来，我国政府出台一系列国家政策支持学前教育发展：2010年7月29日，备受关注的《国家中长期教育改革和发展规划纲要（2010—2020年）》正式全文发布，计划2020年左右，全国范围内基本普及学前教育；2010年11月24日，国务院为贯彻落实《国家中长期教育改革和发展规划纲要（2010—2020年）》，积极发展学前教育，发布《国务院关于当前发展学前教育的若干意见》，着力解决当前存在的“入园难”问题，满足适龄儿童入园需求，促进学前教育事业科学发展；2011年9月5日，为贯彻落实我国政府重点发展学前教育的精神，进一步扩大学前教育资源，经国务院同意，财政部出台《关于加大财政投入支持学前教育发展的通知》，决定加大对学前教育的财政投入，支持学前教育发展。在一系列国家政策的大力支持下，我国学前教育事业发展取得骄人的成绩。2010年《国务院关于当前发展学前教育的若干意见》首次提出“以县为单位专门编制学前教育三年行动计划”，随着2013年“行动计划”收官，2013年全国学前教育毛入园率67.5%，比2010年增长10.9%；全国幼儿园数量19.86万所，比2010年增加4.82万所，增幅为32.0%；在园幼儿数量为3894.69万，比2010年增加了

918.02 万人，增幅为 30.8%。截止 2014 年，财政性学前教育经费占比从 2010 年 1.7% 提高到 2013 年 3.5%。

乡村地区学前教育事业发展作为我国学前教育事业重要组成部分，在当前我国贯彻落实科学发展观、构建和谐社会、促进城乡协调发展和教育与社会公平的背景下，重点发展乡村学前教育，促进社会和谐发展显得尤为重要。《国家中长期教育改革和发展规划纲要（2010-2020 年）》明确提出："重点发展农村学前教育""努力提高农村学前教育普及程度""着力保证留守儿童入园""采取多种形式扩大农村学前教育资源，改扩建、新建幼儿园，充分利用中小学布局调整富余的校舍和教师举办幼儿园（班）""发挥乡镇中心幼儿园对村幼儿园的示范指导作用""支持贫困地区发展学前教育"。《国务院关于当前发展学前教育的若干意见》提出："努力构建覆盖城乡、布局合理的学前教育公共服务体系""努力扩大农村学前教育资源"。《关于加大财政投入支持学前教育发展的通知》明确规定"把加快发展农村学前教育作为工作重点""中央财政重点支持各地区，特别是中西部地区乡村学前教育发展""支持中西部乡村扩大学前教育资源"。

二、我国政府支持乡村地区教育设施建设

2003 年 12 月，党中央和国务院在实施科教兴国战略的基础上开始实施人才强国战略，教育在现代化建设中优先发展的战略地位得到进一步确立。乡村地区作为我国教育事业发展薄弱区域，其中落后的基础设施建设是影响教育发展的重要原因。为提高我国学前教育整体水平，促进社会公平、和谐，国家加大投入乡村地区学前教育基础设施建设。

2011—2014 年，全国新增幼儿园 43131 所；其中，乡村地区新增 13899 所，占比 32.23%；城镇地区新增幼儿园 29232 所，占比 67.77%。乡村地区大量的校舍建设为建筑师的建筑创作与实践提供了机会。例如，2005 年 8 月完成的西藏阿里苹果小学（建筑师：王晖），2007 年 8 月完成的毛寺生态小学（建筑师：吴恩融、穆钧），2008 年启动的"手牵手计划之儿童早期养育与教育项目"，2009 年 8 月完成的广元下寺村新芽环保小学（建筑师：朱竞翔）。

另一方面，由于学校后期管理运营过程中存在管理不善、财政投入不足或者

生源不足等问题，导致部分学校运营困难，甚至关闭学校，已建成的教育基础设施被迫处于荒废状态或者挪做它用，造成教育资源浪费。

除此之外，我国政府为了优化农村教育资源配置，全面提高中小学教育投资效益和教育质量，促进农村基础教育事业健康可持续发展，对农村教育资源进行整合。

自 2001 年起，实施“撤点并校”政策。但由于部分地区操作不当，出现学生生活条件下降，甚至辍学的现象。截止到 2010 年，“撤点并校”的十年期间，东部区域农村小学在校生减幅 44.66%，中部区域 29.85%，西部区域 37.45%；农村小学数量减少至 21.09 万所，减少了 22.94 万所。在此社会背景下，《国务院关于当前发展学前教育的若干意见》指出：“多种形式扩大学前教育资源……中小学布局调整后的富余教育资源和其他富余公共资源，优先改建成幼儿园。鼓励优质公办幼儿园举办分园或合作办园。制定优惠政策，支持街道、农村集体举办幼儿园。”例如，河北承德市丰宁天桥镇幼儿园，陕西铜川市陈炉镇中心幼儿园，都是在原有校舍的基础上，通过旧建筑改建或者加建新建筑，完成乡镇幼儿园的布局调整。

第三章　乡村学前教育规划布局与准入标准

对乡村学前教育的规划，也就是根据本地区人口、地域和社会发展状况，对幼儿园建设数量和规模的预设，主要回答要建多少幼儿园的问题。对乡村学前教育的布局，也就是对区域内幼儿园建设布点的宏观考虑，主要回答在哪里建幼儿园的问题。而乡村学前教育准入标准则规定了幼儿园最基本的办园要求，这也是幼儿园审批的准入门槛，主要回答具备什么样的条件才能办幼儿园的问题。这三者均属于学前教育发展政策的顶层设计范畴，对于幼儿教育投入导向、幼儿园软硬件建设、配套政策制定和幼儿教育发展格局的形成都有深远的影响。本章主要内容为乡村学前教育规划布局与准入标准，从两个方面展开详细论述，分别介绍了乡村学前教育的规划布局和乡村学前教育的准入标准。

第一节　乡村学前教育的规划布局

一、学前教育大发展对教育规划布局提出了新要求

乡村幼儿园的规划布局是伴随近年来幼儿教育大发展出现的新问题。随着乡村经济、文化的发展，人们的生活观念发生了很大的转变。种地已经不是养家糊口的唯一方式，人们的生活开始忙碌了起来。有的家庭专门租地种植农产品，有的人则开启了贩卖农产品的模式。在农闲时，年轻男子外出打工，老人和妇女则一边照看孩子，一边忙家务活儿。对于多子女家庭来说，如果照看孩子忙不过来，他们就会选择将孩子们送到幼儿园。

如今，在我国乡村学前教育的大力发展及社会文化的变革下，人们对学前教育价值与功能认识已经发生了巨大变化。父母更关心孩子的身心健康和全面发展，

而不仅仅只是表现在物质关怀之下的考试成绩、名利的追逐上。尤其是对孩子的教养方式上，老年人不再一如既往地坚持自己传统的教育、教养方式，也在主动地更新自己的养育观念，尽可能科学、理性地发挥自己在时间、精力和经验上的优势。年轻父母更是积极、主动地承担自己的养育责任，并及时和教师及他人沟通、交流，争取为自己的孩子创造良好的家庭文化环境，发挥家庭文化浸润的力量。

幼儿教育的大发展对于规划和布局提出了要求，《国家中长期教育改革和发展规划纲要（2010-2020）》提出“把发展学前教育纳入城镇、社会主义新农村建设规划”。那么，区域内要建多少幼儿园才能满足完成幼儿教育普及率的目标要求？这些幼儿园应当如何布局呢？这些都成为幼儿教育发展的具体实施者——各级政府思考的问题。

二、制定乡村学前教育规划布局时需要考虑的因素

（一）国家政策对农村幼儿园规划布局的要求

我国国务院发布了一份名为《关于当前发展学前教育的若干意见》的文件，它涉及十个关于推动学前教育现代化改革和发展的意见。这份政策性文件是我国十年来针对学前教育发展提出的最高层次的文件。其中，第一条涵盖了学前教育的发展和规划原则，强调必须遵循公益性和普及性原则。这意味着需要建立一个公共学前教育服务体系，以合理分布的方式为城乡双方提供服务，以确保每个适龄儿童都能接受高质量的基础学前教育。为了让儿童和家庭能够获得最为便捷、多样化、层次分明的学前教育服务，需根据当地实际情况进行具有针对性的策划和实施。《国务院关于当前发展学前教育的若干意见》强调，公立幼儿园的兴建必须遵循学前教育的公共服务需求，确保满足“广泛普及和基本服务”的标准。《若干意见》要求针对农村幼儿园建设，致力于扩大该地区的学前教育资源。在社会主义新农村建设中，发展学前教育应被视为至关重要的事项之一。各地政府需要制定适用于幼儿园的一致规划，同时，在新农村公共服务设施的建设中优先考虑并加速发展幼儿园的建设。为了重视农村幼儿园建设，各级地方政府应专门

拨发资金，针对人口稀少的地区，可以成立流动幼儿园或季节班，同时派遣专门的教师进行巡回指导，以此来加强该地区的学前教育网络；对于乡镇和大型村庄，可以独立建立幼儿园；对于小型村庄，可以设立分园或联合办园，以满足当地幼儿的教育需求。

由上文可知，国家认定学前教育的主要特征是需提供“为公共利益而服务”和“广泛可得性”。学前教育体系建设的总目标是在城乡全面覆盖、布局合理的基础上，确保所有需要接受教育的幼儿都能得到覆盖，同时保障他们享有基本的教育权利。幼儿园规划布局的总体宗旨是根据实际情况，为幼儿及家长提供方便、灵活多样、层次丰富的学前教育服务，遵循“因地制宜”的原则。在建设农村幼儿园时，具体要求为优先考虑在农村地区兴建幼儿园。为了改善农村地区的学前教育网络，我们可以考虑以下方法：对于乡镇和大型村庄，可以建立独立的托儿所；对于小型村庄，可以设立分校或者与其他托儿所合作来共同运营；在人口密度较低的地区，我们建议采用流动幼儿园和季节班的方式来解决教育问题，并且配备专门的巡回指导教师，从而逐步建立县、乡、村三级学前教育网络。

（二）农村幼儿园规划布局的几个认识误区

1. 集中布局是人口城镇化的必然选择

中国的城镇化进程加速带来了人口的大量流动，越来越多的农村人口迁移到城镇。青壮年一般或在打工地生育，或在务工城市稳定后便举家迁移，导致农村中学龄前孩子的数量也大幅减少，这些都使得农村幼儿园的生源严重不足，而且这一趋势还将持续。

其实，城镇化加速使得城镇人口比重快速增加，但从人口数量看，农村人口减少的趋势并不明显。一是农村多子女家庭比重仍然很大，近年来学龄儿童增加的趋势十分明显，很多地方又出现了中小学、幼儿园教育资源不足，班额超标的现象。二是农村流动人口增多，年轻人离家打工，户籍仍在农村，而且，我国义务教育实行了进城务工人员享受同城待遇政策，幼儿园属于非义务教育，加之幼儿年龄较小，打工者无暇照料，多数都留在农村交由老人照看。据国家统计局发布的公告，受国家实施严格控制农业用地转出、大力清理各类开发区、积极增加农民收入等宏观调控措施的影响，我国城镇人口的增速已经开始放缓。所以，乡村幼儿园生源不足的结论仅为理论上的猜测。

学前教育的基本属性是“公益性和普惠性”，这一属性决定了学前教育的发展是公平优先、兼顾效率的，决不能因为追求效率而牺牲公平。我国尚有七千多万学龄前儿童生活在农村，忽视他们接受学前教育的需求是违背社会主义教育的本质属性的。

2. 集中布局才能确保幼儿教育质量

有人认为，幼儿园布点分散、规模偏小、设施差、总体水平偏低，有些地区甚至存在“两间房子一院落，两位老师一群娃”的现象，教学质量难以保证。另外，由于乡村布局分散，教育部门无法对进行有效的管理，这类幼儿园长期处于无管理、无引导的自然发展状况，存在很多隐患。

实际上，幼儿园的规模效益可以通过集中布局来提高，而误解学前教育是缺乏专业性评估的表现。集中是指以小班为单位进行管理和教育的一种形式。幼儿园教师通常在一个班级授课，一般不存在教师在平行班教学的情况，因此集中教学并不能真正优化教学效果。基于幼儿身心发展的特点，幼儿教育需要一个特殊的环境，这个环境要足够宁静、自然、充满活力，同时其空间资源、物质资源也要足够充分。由于幼儿缺乏足够的自我保护意识和能力，他们在日常活动中需要成年人提供更多的保护。所以，必须妥善地控制幼儿园的班级规模。根据我国对幼儿园班级规模的规定，一个幼儿园不得超过十二个班级。至于幼儿园布局分散，难于管理的问题，正需要有关部门创新工作思路、改进工作方法、提高管理水平。管理者多跑一点路，数以万计的乡村幼儿就会每天少跑很多路。

3. 到县镇幼儿园就读是家长追求优质教育的自主选择

有人认为，家长在为孩子选择学校的时候，大多有一种“趋上化”心理，即村里的孩子往镇里跑，镇里的孩子往县里跑，县里的孩子往市里跑。为了追求优质教育资源，家长们往往不惜舍近求远。在这种选择趋势之下，即便在村里建设了幼儿园，一些家长还是会把孩子往镇里、县里送，这就会造成村办园招不到孩子，镇办园学位紧张的问题。

其实，有些地方出现的村里往镇里赶、镇里往县里赶的入园“趋上化”现象，是优质资源规划不合理的问题的体现。家长们当然愿意选择近且优的幼儿园，正是因为，家门口没有幼儿园或者办园质量低下，大家才不得不舍近求远，把孩子送到几公里外的幼儿园就读。即便家长有择园的心理存在，这种选择也是一种自由权利，而不是“被选择”的无奈之举。另外，从政策制定的导向上，无论是幼儿园还是义务教育，都应当从最大限度方便群众、减少安全隐患、确保教育质量的角度出发，均衡配置资源，努力使政府财政惠及社会每一个角落，让孩子们都能在家门口接受优质的幼儿教育。

4. 使用安全可靠的校车可以解决边远地区幼儿入园问题

有人认为，使用安全可靠的校车既可以解决农村边远地区幼儿入园难问题，又可以解决因布局分散造成教育资源浪费、幼儿园管理困难、农村幼儿教育整体质量不高的问题。

要求幼儿园购买几十万元的校车是不切实际的。一辆几十万元的专用校车，再加上每年几万元的运行费用，远远超过农村建一所幼儿园或办园点的费用。以29座低配金龙车为例，车辆购置费用约为39万元，每年运营费用约8万元。若把车辆折旧计入运营成本，每月每名幼儿交通成本约为414元，高于幼儿园保育费标准，这是幼儿园无法承担的，势必造成幼儿园通过两种途径消解成本：一是使用不合标准的车辆或者驾驶员，二是把部分成本转嫁给家长。这都会增加幼儿的交通安全隐患和家长的教育负担。

《校车安全管理条例》第二条规定：“本条例所称校车，是指依照本条例取得使用许可，用于接送接受义务教育的学生上下学七座以上的载客汽车”。根据这条规定，校车所覆盖的乘客范围不包括那些正在接受幼儿园教育的幼儿。根据《校车安全管理条例》附则第六条规定：“县级以上地方政府有责任合理规划幼儿园的布局，以方便幼儿就近入园。入园幼儿应当由监护人或者其委托的成年人接送。”对此，参与《条例》起草的国务院法制办工交司司长赵晓光解释说：“幼儿处于三岁到六岁之间，从身体条件和自我防护能力来讲，是不适合乘坐校车的，而且校车也很难给幼儿最有效、最安全的保障。对幼儿来讲，我们坚持这样一个原则，主要还是要通过就近入园和家长接送来解决幼儿入园的问题。”

四、乡村学前教育规划布局的政策建议

（一）纳入规划

要把乡村学前教育发展纳入各地教育事业发展的整体规划中，在规划学前教育的发展方向时，应优先考虑促进乡村学前教育的繁荣发展，以确保处于劣势地位的群体能够充分享有接受学前教育的权利。此外，还要加大农村普及学前教育的力度，建立覆盖城乡、布局合理的学前教育公共服务网络。乡村幼儿教育是我国基础教育短板中的短板，理应得到更多的关注。各地在制定学前教育发展规划时，除了要考虑城镇，还要更多地考虑乡村，大力提高乡村幼儿教育的发展水平，保障乡村幼儿的受教育权利。

（二）地域优先

在制定乡村幼儿园建设规划时，要以方便接送为原则。不能套用城市、县镇等人口聚集地区制定规划布局的程序和方法，不能按照多少人口建一所幼儿园的标准来规划农村幼儿园的建设，要优先考虑地域因素而不是人口因素。一般来讲，在农村地区，四至五平方千米就应建一所幼儿园，乡村幼儿园的服务半径应限制在两公里以内，确保任何一个行政村里都建有至少一所达标的幼儿园，任何一个自然村至少建有一个达标的办园点；最大限度方便群众、减少安全隐患、确保教育质量，努力避免幼儿园园车接送，确保幼儿就近入园。

（三）建园到村

要优先考虑在乡村建设公办幼儿园。乡村幼儿教育基础薄弱、幼儿数量少、收费标准低、盈利空间小，不容易吸引民间资本的投入。乡村路途遥远，生活条件差，也不容易吸引优秀的幼儿师资前往任教。如果公办园不能设置到村，乡村幼儿教育资源无法得到补充。一些无证“黑园”为降低成本，设施、设备条件差，幼儿饮食卫生得不到保障，师资力量薄弱，教育质量差。取缔“黑园”最好的办法就是，为村民提供更加质优价廉的公办普惠性幼儿教育服务。

（四）投入倾斜

社会公平包括两个方面的含义：一是确保所有人能够均等地享受社会公共资源，二是在制定公共政策时要向弱势群体和薄弱环节倾斜。地方财政投入要优先考虑向乡村倾斜，提高乡村幼儿教育公用经费水平，为经济薄弱家庭幼儿入园提供补贴。新招聘公办幼儿教师要首先保证乡村幼儿园的需要，可以通过建设教师宿舍、使用班车等方式解决教师上下班问题。要建立教师流动机制，设置乡村服务津贴，在职称评聘、评优晋级等方面向乡村幼儿教师倾斜，以吸引更多的优秀师资为乡村幼儿服务。

第二节　乡村学前教育的准入标准

为加快发展幼儿教育，提高学前三年教育普及率，《国务院关于当前发展学前教育的若干意见》提出“鼓励社会力量以多种形式举办幼儿园”“积极扶持民办幼儿园特别是面向大众、收费较低的普惠性民办幼儿园发展”。为了向幼儿园安全、幼儿园的教育质量提供保障，《国务院关于当前发展学前教育的若干意见》也强调不同地区“严格执行幼儿园准入制度。各地根据国家基本标准和社会对幼儿保教的不同需求，制定各种类型幼儿园的办园标准，实行分类管理、分类指导”。

这里所谈的标准是指办一所幼儿园所应具备的最基本的条件，是幼儿园的准入门槛。幼儿园的准入标准应符合国家基本要求和社会对幼儿保教的需求，如果标准过低，则教育质量无法得到保证，甚至可能危及幼儿安全和身心健康；如果标准过高，就会使社会力量无法进入兴办面向大众的普惠性幼儿园，特别是乡村幼儿园的行列。所以，因地制宜、实事求是地确定幼儿园准入标准，是促进社会力量办园、快速扩大幼儿教育资源总量、提高幼儿教育普及率的重要环节，也是乡村幼儿教育政策研究的重要内容。

一、我国农村幼儿园的准入标准

（一）国家的要求

《幼儿园管理条例》对幼儿园的准入条件作了原则性的规定，关于举办地点，要求“举办幼儿园必须将幼儿园设置在安全区域内”。关于园舍，要求“有与保育、教育的要求相适应的园舍和设施”且“符合国家的卫生标准和安全标准”。就幼儿园园长和幼儿园教师而言，要求“具有幼儿师范学校（包括职业学校幼儿教育专业）毕业程度，或者经教育行政部门考核合格”。关于办园经费，要求“必须具有进行保育、教育，以及维修或扩建、改建幼儿园的园舍与设施的经费来源”等。我国对幼儿园的管理实行分级管理负责制度，国家对幼儿园的办园标准仅做了原则性的要求，为各地方标准的制定预留了空间。

（二）各地的标准

幼儿园无论是在园舍要求、办园规模、员工素质上，还是在设施设备、注册资金上，都需要遵守一定的规范。

举例而言，江苏省在《学前教育机构登记注册办法》明确强调出《幼儿园设置基本条件》。在园舍设备中规定“幼儿园（班）应独立设置”“班班有活动室。活动室内空气流通、阳光充足，使用面积不少于人均 3 平方米”“共用活动场地面积不少于生均 3 平方米，绿化面积不少于生均 1 平方米，同时应配备必要的大型玩具和体育活动设施”“玩具人均不少于 3 件，图书生均不少于 5 本”等，在人员配备上规定，“教职工与幼儿的比例全日制幼儿园 1 ∶ 6～1 ∶ 7；寄宿制幼儿园平均 1 ∶ 4～1 ∶ 5。所有人员必须持证上岗”等。这些都是对《幼儿园管理条例》要求的具体化。

山东根据地域不同，分别制定了城市、乡镇和农村幼儿园基本办园标准，其中城镇幼儿园规模较大，一般在 6～12 个班，农村幼儿园规模较小，一般在 3～9 个班。对于活动用房，城市要求有衣帽间、科学发现室和图书阅览室，对农村幼儿园则不作要求。对于员工配备，城镇要求两教一保，农村要求一教一保即可。

很多省份还制定了幼儿园分类评估的标准，例如，浙江省根据幼儿园办园情况制定了三级幼儿园评估标准，江苏省制定了《幼儿园设置基本条件》，此后又制定了《江苏省优质幼儿园评估标准》。这些标准的制定对规范幼儿园准入制度、保证幼儿安全与健康、提高幼儿园办园水平都有着重要的推动作用。

二、关于制定乡村幼儿园准入标准的政策建议

（一）因地制宜，制定更加灵活的幼儿园准入标准

要改变一个省份、整齐划一，不同等级和不同情况的幼儿园实行统一的、标准的做法。为了适应地区、文化、等级等方面不同的幼儿园的实际状况，我们需要在制定准入制度和办园标准的同时，提高制度的维度水平和灵活性水平，以确保准入制度与地方特色相契合。也就是说，针对不同地域的需求，我们需要制定相应的标准，明确最高标准和最低限度，以凸显其层次和维度；要根据各地具体情况，因地制宜地制定好具体指标要求。在制定规定的过程中，相关人员需要广泛征求专家、广大教师，以及办园者等各方的意见和建议，并开展深入的考察和研究，以确保所制定的规定能够有效解决实际需求。

（二）实事求是，适当降低乡村幼儿园的准入门槛

要对各地乡村办园进行成本核算，根据办园者的建筑、设备投入、运营成本和收费情况计算建设一所幼儿园需要的启动资金和预期收益，根据核算的结果决定办园规模和投入水平，以此作为制定乡村幼儿园的办园准入标准，给投资者预留盈利空间，以此吸引更多的社会力量投资办园。

（三）深入调研，研制适合乡村特点的小微幼儿园（办园点）准入办法

要对乡村适龄幼儿情况进行深入调研，根据自然村人口大多在千人以内，适龄幼儿在百人以内，有的甚至只有30～50人的现状，研究制定适合乡村特点的小幼儿园或办园点的准入办法。允许并规范楼上是家、楼下是园的家庭式办园模式，对于此类幼儿园，要求有独立的封闭庭院，幼儿园应设置于一楼。允许幼儿园混合编班，儿童自带午餐的“办园点”等更加灵活的办园行为，只要能够配备冰箱、微波炉等设备，满足幼儿自备午餐的存放、加热需求即可。鼓励结合乡村

特点自制教具、玩具，以节省办园成本。幼儿教师配备可实行一教一保的标准，保健员等可以兼职，以节省人员成本。

（四）政府补贴，积极支持乡村民办园的发展

规划以奖代补条例，提高社会力量创办幼儿园的积极性，并从政策、经费、设施设备等方面为对办园有意向的投资人提供帮助。幼儿教育公用经费要覆盖城乡幼儿园、公办园和民办园。对乡村民办幼儿园园长和教师提供免费培训，以支持乡村民办幼儿园的发展。

第四章　乡村学前教育办学体制

学前教育作为教育系统的重要组成部分，必须与市场经济的发展保持同步，以建立符合农村现实情况的发展机制。只有这样，我们才能够快速、有效地提升农村学前教育的管理水平。这不仅有助于学前教育的发展，也可以为农村的发展提供重要支持。我们需要积极探索适合农村幼儿园快速实现现代化发展的方法。当我们研究农村学前教育的趋势时，出现了两种明显的幼儿园办学体制，一种主要是由私营企业幼儿园，也就是民办幼儿园；另一种主要是公立幼儿园。民办幼儿园以社会力量为主兴办，而公办幼儿园是由相关部门为主兴办。目前，中国农村学前教育改革亟需完成的重要任务之一是建立一个科学、合理的农村幼儿园办学机制。本章主要论述乡村学前教育办学体制，分别介绍了大力建设公办幼儿园、努力发展民办幼儿园，以及构建乡村学前教育多元发展格局三方面内容。

第一节　大力建设公办幼儿园

将公办幼儿园作为主体的办园体制，并不断对其加以坚持和完善，是确保学前教育事业，特别是农村学前教育蓬勃发展的关键基础。我国农村民办幼儿教育仍处于起步阶段，存在着规模小、布局分散、设施简陋等问题。为了推进乡村学前教育的发展，我们必须以公办乡镇中心园建设为入手点，明确各级政府在教育方面的职责，并围绕“公办为主”的农村学前教育办园体制积极展开妥善有效的改革，同时以不断规范化建设乡镇中心园的方式，提高乡村学前教育综合水平。

一、明确政府责任，切实履行政府教育职能

明确各级政府、各部门在强化农村学前教育发展过程中的职责、强化组织，

并开展科学实施和管理，使得国家专项资金具备更高的利用率，从而保障经济欠发达农村学前教育良性、稳固地向前发展，并实现全面普及经济欠发达农村学前三年教育的目标。

学前教育属于非义务教育，是一项具备公益性特征和福利性特征的教育工程，在这个工程的整个建设过程中，政府肩负着至关重要的责任和使命，因为切实履行职责是不断优化幼儿教育管理体制的重中之重。各级行政部门要明确自身职责，认真履行对幼儿园的管理职责，给予相关人员和相关单位充分的自主权，让幼儿园自主开展工作、同时要加强幼儿教师队伍建设，提高他们的整体素质。在办园体制逐渐多元化、教育形式逐渐多样化的背景下，要建立适应农村社会的幼教管理机制，充分发挥政府应有的统筹管理职能。

《关于幼儿教育改革与发展的指导意见》明确规定了国家、省级和地（市）级县级政府、县级县级政府、城市街道办事处、乡（镇）县级政府、村民自治组织等部门的职责，以确保幼儿教育改革与发展的顺利进行。《关于幼儿教育改革与发展的指导意见》也清楚地界定了与幼儿教育发展相关的教育、卫生、财政、价格、建设、民政、劳动保障、编制等各个部门，以及妇女儿童工作委员会、妇女联合会的管理职责。这些规定的明确性和具体性，为各级政府和部门提供了分级管理和分工负责的便利，对于完善并优化管理体制具有至关重要的意义。同时，我们还应该注重提高政府和社会力量参与农村学前教育的积极性，建立多元投入机制。县级政府有责任认真处理当地农村幼儿教育事务，这包括但不限于规划和调整布局、积极推进公立幼儿园建设、努力筹集教育经费、稳定农村幼儿教师队伍、提供培训、管理幼儿园人员和教师，并且要提供必要的教育指导。在农村幼儿教育的发展中，乡镇县级政府应当担负起主导责任。这涉及各个方面，包括但不限于设立乡镇中心区、拨款、支持每个行政村建立学前教育机构、改善教育设施条件、推进当地幼儿教育的全面提高等。每个行政村都应确保其所属的幼儿园正常运转，并促进3～6岁幼儿参与学习。另外，还需要积极促进和引导家庭参与各种早期教育活动，以培养和推动幼儿教育的积极发展。县级县级政府、乡级县级政府和村级县级政府的职责已经被明确而具体化，然而实施的关键是要确保每个职责都被充分履行，并携手合作，将每个职责落实到每个人的身上。为了贯彻先进的教育理念，我们需要让教育一线的教师去实践。唯有如此，方能真正实现推进农村幼教进步的历史责任。

第一，确立一个学前教育工作框架，让政府作为主导，让教育机构承担主要责任，同时各相关单位协同配合。作为农村学前教育领域的主导部门，教育部门应制定详细的发展规划，为农村幼儿园（特别是民办园）提供专业指导和有效管理，并且需要制定监管和评估机制，以确保农村学前教育的质量和有效性。县级政府卫生部门应该负责监督和引导幼儿园落实卫生保健措施，协助家长掌握3～6岁儿童的健康、营养和成长知识。县财政局的主要任务是为推动幼儿教育的普及和提高提供经济支持，该机构计划应规划增加对农村学前教育的资金支持，以解决目前农村学前教育资金不足的问题，并致力于促进农村学前教育事业的快速发展。县劳动部门应该综合考虑民办幼师的福利待遇，包括但不限于养老保险、医疗保险等，以保障他们的合法权益。所有部门都应当履行自己的职责，并尽最大的努力去完成分内的工作；要推动农村学前教育的发展并实现全面普及，紧密合作、通力协作。

第二，教育部门需要更加重视对农村幼儿园的指导和监管，以确保其合法合规地运营，并为幼儿提供良好的学前教育。为了促进幼儿园的科学、合理和健全发展，教育行政部门需要根据各幼儿园的具体情况进行调整、管控和指导，以发挥其优势、弥补其不足。我们必须切实执行国家和地方的法律法规，以及其他相关制度，以保证幼儿园的注册和注销程序得到有效实施。为了保证民办幼儿园在建筑环境、安全保障、教师力量、制度建设、规范教学和课程改进等方面得到充分的管理和监督，相关部门必须定期进行检查和指导。教育管理机构应制定长期监管计划，定期对农村幼儿园进行检查，及时发现并纠正问题，并总结成功经验以供其他地区学习借鉴。要采取这种逐步推进的方法，逐步促进农村幼儿园向规范化方向发展。

第三，县级政府应当以乡镇中心园的建设与发展为核心，积极推进农村幼儿园的发展，并大力构建具备普惠性特征、覆盖乡村学前教育需求的全面教育网络。在具体的实施过程中，县级政府应当扮演主导角色，成为办园的核心力量。同时，要加强对乡村幼儿园教师资源的投入，建立起稳定、可持续的师资力量，从而促进我国城乡义务教育均衡发展。由于民办幼儿园的高昂收费和相对较弱的经济能力，家庭难以负担幼儿园费用，导致儿童的受教育权利容易受到侵害，同时农村乡村学前教育的普及也面临着巨大的困难。县级政府要具备积极承担责任的意识，不仅要继续办好公办园，还要借助新建公办园的做法，不断扩大公办园数量和惠及人群的范围，同时要将公共教育资源更多地提供给农村，以在稳定的前提下，不断优化农村乡村学前教育普及效果。各级各类教育机构要加大对民办幼儿园管理与监督力度，确保民办园能按标准收费。积极推进乡镇中心园创建工程建设是县级政府在镇中心园建设方面需要高度关注的重要举措。如果乡镇中心园地区没有幼儿园，那么乡镇政府需要扮演领导角色，协调资金筹措，建设更为规范化的中心幼儿园，以充分发挥其功能，推动该区域学前教育的发展。建设中心幼儿园的主要责任在于乡镇政府，乡镇政府还需要对规划、投入、教师队伍建设和管理督导等关键问题进行明确。通过这种方式，政府能够保持在引导中心园建设过程中的主导地位。具体而言，乡镇政府应该在经济社会和教育发展规划中加入中心园建设，并将其定位为实现社会主义新农村建设和创建小康文明村的重要目标。在建设过程中，乡镇政府还应该考虑与当地学前教育总体规划和中小学布局调整相协调，以使学前教育资源更好地得到整合和利用。加快乡镇中心幼儿园的建设，先要确定其公共服务性质、重要示范作用和管理服务功能，并建立规划、投资和监管机制，以保证其可持续发展。从这个角度出发，我们要加强政府在农村学前教育中的主要领导作用，并立足于此，持续推进学前教育机构的制度改革，以及不断提高农村学前教育的质量水平。

第四，大力建设公办幼儿园，必须强化并落实政府主导职责。切实保障乡村学前教育财政投入是乡村学前教育普及的重要保障。一是强化并落实政府主导职责是乡村学前教育普及的首要原则。各地区必须坚持强化落实政府主导责任，尤其是县级政府的主导责任，实现乡村学前教育的持续健康快速发展。实践证明，无论在经济社会发展较好还是经济社会发展相对滞后的广大乡村地区，都应当牢牢坚持政府主导，并将其贯彻落实到关乎乡村学前教育发展的各个方面。并且在经济社会发展滞后的农村地区，强化政府主导职责，并加大政府责任力度。二是加大财政投入力度，形成政府投入为主体的乡村学前教育投入机制，切实保障农村新乡村学前教育发展。人、财、物是乡村学前教育事业发展中必不可少的三大要素。“财”即经费，对人和物产生着重要影响。在乡村学前教育普及中，如何解决发展所需经费问题是关系到乡村学前教育普及能否实现的重要条件。建议应将乡村学前教育纳入县级政府预算，并且明确乡村学前教育财政投入在教育财政投入中所占比例，起到引导、督促、检查乡村学前教育财政投入的重要作用。由于乡村地区的学前教育发展相对滞后，我们必须设立专门的经费制度，用于支持农村乡镇中心园的建设，提高乡村学前教育教师的教学水平，并且举办相关教育培训活动。县级政府应该在制定农村幼儿园收费政策时，充分考虑当地农村经济和社会发展状况、居民收入水平，以及幼儿园切实需求，以确保收费政策合理、合适，并加强对农村地区收费制度的监管和规范。为了扶助贫困家庭和儿童，可以采取一些方式，例如，通过减免学费、提供教育用品或者提供免费教育等形式帮助他们，也可以创立支持弱势儿童的救助机制，以确保最需要帮助的儿童得到补助。

二、建设公办幼儿园，提高乡村学前教育水平

对公办幼儿园为主体的办园体制进行坚持和优化，是确保学前教育事业，特别是农村学前教育蓬勃发展的重要前提。我国目前仍处于经济快速发展期，农村学前教育资源不足问题突出。在县级政府的主导下，应以乡镇中心园建设为核心，不断提高普惠性乡村学前教育资源的利用率，以满足广大乡村儿童的教育需求。县级政府要通过加强领导、科学规划、政策扶持等措施，逐步实现农村地区“一镇一村”的覆盖目标，并有效促进乡镇中心园的建设，使其示范作用、辐射作用和带动作用得到发挥。

要明确乡镇中心园的公共性质，以及其在骨干示范、管理服务等方面的定位。分析当前我国民办幼儿教育存在问题及其成因可知，乡镇中心园，作为政府主体的公益性事业单位，是由镇政府筹资创办、教育部门主管、人事部门核定的独立法人事业单位，其整体质量与整体水平直接关系到农村学前教育事业的全局发展。

县级和乡镇教育主管部门应参照国家及本地幼教政策和规划，结合实际情况，

制定长期计划（不少于5年）来提升乡镇中心幼儿园的示范作用。这项计划应具体说明基本的组成要素、形式、所期望的最终结果，以及评估方式等方面的内容。在制定乡镇中心幼儿园的发展计划时，需要考虑县级幼儿教育规划和政策，确立示范内容和形式，同时要规划未来5年的发展计划。此外，乡镇中心的幼儿园应与村级幼儿园和学前班的工作人员及负责人密切沟通，共同拟定更加详细、分阶段的可行计划，对活动内容进行具体细化和有序安排，以避免出现重复、不规范的情况。

为确保示范活动形式和内容的多样性，县、乡镇教育主管部门和乡镇中心幼儿园可以采用访谈、问卷等多种方式，对村园和学前班教师的实际需求和兴趣进行调查，以明确需要丰富的内容和示范形式。县乡两级政府也可针对不同类型学校进行相应的指导，引导他们因地制宜开展形式多样的示范活动，使其更好地适应农村地区幼儿发展需要，促进当地幼儿教育事业持续健康发展。在考虑到村园和学前班的实际情况，以及与中心幼儿园存在的差异的基础上，乡镇中心幼儿园要从其真实的设备、教材和条件出发，开展多样化的示范活动设计。另外，相关部门还可策划相应的会议或活动，以促进各乡镇中心幼儿园之间的经验交流和相互学习，从而使得彼此的示范内容和形式更加丰富。乡镇中心幼儿园所举办的示范活动，旨在为各村的幼儿教师提供一个实实在在的机会，让他们亲身体验如何高效地组织和管理幼儿的全天生活。同时，这些活动也可以提高广大农村幼儿教师的专业水平能力，促进他们不断提升自己。除了必备的教学技能和技巧，示范内容还应当涵盖幼教先进理念、幼儿园管理和家园工作。为了提高农村幼儿教师的业务水平，可以采用多种示范形式，例如，将各村幼儿园教师集中或分别请到乡镇中心幼儿园，让他们开展研讨或接受实地培训，也可以考虑让他们定期到各村参与现场指导和培训。乡镇中心幼儿园应在每次示范活动后，积极收集村园和学前班教师、负责人的反馈信息，并对示范成效进行详细记录，并以此为基础对后续活动进行调整和拓展，以解决原有活动不足的问题，同时引入新的活动形式。

根据实际操作经验，乡镇中心园对于推进农村乡村学前教育服务体系建设有着非常重要的作用，不可或缺。一个成功的乡村中心园不仅可以提供所在地区幼儿的教育需求，还可以促进该领域产业的进步。为了充分利用乡镇中心园在农村乡村学前教育中的关键作用，可以考虑设置专用资金，以加强推进乡镇中心园的发展和管理，从而在该地区展示、扩大、带动和监管乡镇中心园的功能。为了有效地管理乡镇内的人力、财力和物力等方面的资源分配，我们可以将乡镇中心园定义为该乡镇的核心管理机构。通过充分利用乡镇中心园的资源优势，我们可以采用定期和非定期的方式，为乡镇其他幼儿园和教师提供指导和培训，以促进农村乡村学前教育的进步。同时，我们也可以将乡镇视作整体单位，共同推动农村乡村学前教育事业工作的顺利进行。

第二节　努力发展民办幼儿园

我国的民办教育蓬勃发展，已成为社会主义教育事业中不可或缺的重要组成元素，在很大程度上向社会提供了不同级别、不同类别的人才。作为我国幼儿教育的重要分支，民办幼儿教育的质量是衡量一个国家教育水平的重要指标之一儿童是国家未来发展的关键，而现代科学已经证实，幼儿时期对人生整体素质基础的塑造起着关键作用。因此，如何搞好民办幼儿教育就成了人们关注的热点。若欲深入探究民办幼儿教育，首要任务是厘清与其相关的概念，准确把握其本质和特质。

一、民办幼儿园的基本含义

在科学领域中，一个概念只有具备明确的定义才能被认为是科学概念，否则，这个概念无法被视为属于科学的范畴。在实践中，幼儿园的类型与制定国家政策和教育立法问题相互关联。为了确保对幼儿园进行有效管理，国家应根据不同的幼儿园类型采取相应的管理措施，并在制定教育法规时明确适用范围。如果幼儿园的分类没有明确定义，就会在应用方面面临困难和混淆。社会力量经营的幼儿园、非政府资助的幼儿园和私立幼儿园都是用来描述非公立幼儿教育的术语。虽然这些概念有一些共性，但是由于人们对其理解方式的差异，从而引起了很多争议。这些具有争议的问题牵涉各种不同的利益考量。但要谨记，在探究民办幼儿教育的性质和特点时，必须明确这些概念的差异。只有在明确这些概念的含义后，才能研究和分析民办幼儿教育的相关问题。

（一）社会力量办园

办学（园）形式中有一种是社会力量办学和社会力量办园，与“国家（政府）办学”形成鲜明对比。社会力量办学或社会力量办幼儿园属于什么性质？自改革开放以来，这一概念一直被我国官方文件所采用，它是根据中国国情出发而提出的一种特定概念。这一概念最早出现在《中华人民共和国宪法》中，《宪法》强调：“国家鼓励集体经济组织，国家企业事业组织和其他社会力量依照法律规定举办各种教育事业。”《中华人民共和国义务教育法》又进一步重申：“国家鼓励企业、事业单位和其他社会力量，在当地县级政府统一管理下，按照国家规定的基本要求举办本法规定的各类学校。”可见，《宪法》把“国家兴办各类学校”作为我国教育方针之一是非常正确的。在教育领域中，各种类型的机构，包括但不限于学前教育机构，如幼儿园等，都扮演着重要的角色。而社会力量对应着我国教育领域内一种新的经济形式——民办教育。根据《社会力量办学的若干暂行规定》，我们可以将社会力量理解为“具有法人资格的国家企事业组织、民主党派、人民团体、集体经济组织、社会团体、学术团体，以及经国家批准的私人办学者”。

尽管《暂行规定》明确规定了办学主体需要具备法人资格，但没有提及有效解决办学经费的方式，而后者是一个尤为关键的问题。在此情形下，将政府投入国有事业单位和官方社会组织的资金供各类学校（涵盖幼儿园），所使用的措施属于社会力量支持教育的一种形式。很明显，这种说法与我国实际情况不一致。尽管政法系统、民主党派，以及共青团、妇联等群团组织不是党政机关的下属，但考虑到我国政治制度的独特性，它们仍然受到党政机关的管理。因此，不论经费来源于何处，学校的经营都应被视为“由政府主导”或“由公共机构负责”，而非由社会力量创建。

根据《社会力量办学条例》，只要符合相关规定，企业、事业单位、社会团体、其他社会组织及个人可以自行设立学校和其他教育机构，但在这种情况下不得使用国家财政性教育经费。这项法规界定了社会办学所涵盖的范围，经费来源包括企业、事业单位、社会团体、其他组织以及个人，但不包括国家财政性的教育经费。相较于《宪法》《义务教育法》《社会力量办学的若干暂行规定》所规定的情况，此处所指的社会力量办学更加突出了民间资金的角色，并准确表明其不包括使用国家财政性经费创办的学校。然而，这个定义不完全符合我国的现实情况。尽管农村群众自筹资金所建立的村级小学和幼儿园属于社会办学，但实际上，即使这些学校是由农村乡（镇）政府和村民委员会出资兴建，国家仍采取与公立学校相同的管理方式，这是《关于实施〈社会力量办学条例〉若干问题的意见》所特别规定的内容。

（二）民办幼儿园

民办学校与民办幼儿园是相对于“公立”（即由政府提供的）学校、幼儿园而言的。民办学校这一概念在很久之前便已出现。尽管对于民办幼儿园的定义目前还没有达成学界共识，但我们可以参照教育管理部门对民办学校所做出的定义。根据这一定义，我们可以推测出民办幼儿园是由非政府机构或国有企业、官民合作组织或个人自力筹建，并为幼儿提供教育服务的机构。可以看出来，民办幼儿园和社会力量办园的定义基本相同，只有一个细微的区别，即前者不包括国有企事业组织。

（三）民办幼儿教育的性质

为了规范民办幼儿园的行为、促进民办幼儿教育的健康发展，必须以明确民办幼儿教育相关概念为前提，对其性质进行科学分析，这具有极其重要的现实意义。在现实生活中，极少存在教育项目只具备公共或私人品性的极端情况，大多数教育项目都具备双重属性，也就是公共产品属性和私人产品属性，民办幼儿教育本质上就是这类教育。另外，虽然民办幼儿教育出自社会团体或个人之手，但政府或多或少地会对其提供帮助，这就使得民办幼儿教育并不是完全私有化的产物，而是具备公共产品的某些特点。

二、发展乡村民办幼儿教育的必要性

毫无疑问，教育与社会经济、政治之间存在着一种紧密而不可分割的相互作用，它们之间存在着相互制约和相互促进的关系。在一定时期内，它们互相影响、互相转化。任何一种教育形式的诞生和演进，皆源于社会经济、政治等多重因素的相互作用。随着社会主义市场经济的建立和完善，我国教育将面临新的挑战和机遇，在这种情况下，必须对传统的幼儿教育体制进行彻底变革，使之适应社会的需要。此外，随着我国经济体制、政治体制改革的深入推进，民办幼儿园的重新兴起和民办幼儿教育的蓬勃发展已成为促进改革、提升开放政策效应的必然选择。

（一）我国经济体制改革不断深化的必然要求

随着经济体制的演变，教育与经济之间的相互关系也必然需要相应的改革，同时，教育对经济的反作用也将对市场经济的进程产生一定的影响。所以，中共中央通过《关于建立社会主义市场经济体制若干问题的决定》中强调“加快教育体制改革的步伐”，要求“改变政府包揽办学的状况，形成政府办学为主与社会各界参与办学相结合的新体制”。这一改革措施是为了适应我国生产力发展水平、人民群众物质文化生活需要，以及高等教育自身规律而作出的正确抉择，其中一项主要特征在于新体制下办学模式是十分多元的，国家对其积极鼓励、大力支持、正确引导和加强管理，以确保社会团体和公民个人能够依法办学。

虽然幼儿教育并没有直接培养人才，没有以促进社会主义经济建设为目的，但它却是提高全民素质的重要基础，属于服务社会公众利益的重要事业。随着市场经济的进一步发展，我们需要实现幼儿教育的多元化，以更好地满足不同利益方的需求，其中包括经济成分、所有制和管理方式的多元化。此外，还要改革政府独占幼儿教育办学的模式，进而逐步引入多元化的办学模式，包括政府资助的幼儿园、民办幼儿园和合法合规的个人幼儿园。改革措施旨在提高教育质量、满足市场需求和促进教育公平，进而实现幼儿园的管理方式、办学形式和办园主体的多元化。因此，为了进一步深化我国经济体制改革发展，乡村民办幼儿教育的快速发展势在必行。

（二）大众日益增长的教育必然需求

如今，越来越多的人已经意识到教育的重要性，不再认为它只是一项免费的福利制度。相反，人们希望通过接受教育来提高自己的文化素养，以便获得更好的职业和社会地位，这种想法已经被一大批家庭所认同。尽管教育需求日益增长，但由于多方面的因素影响，包括幼儿教育，我国的教育系统一直难以满足群众的普遍需求，这导致了严重的矛盾。为了应对这一矛盾，可以采取两种可供选择的解决方案：一种是降低大众对教育水平的需求，另外一种是将教育普及程度扩大。这两种方式所陈述的意义，体现了完全不同的教育发展理念。具体来说，前者注重利用现有资源，按照当地条件推进教育事业的发展；而后者则更注重投入更多的资源和资金来提升教育水平。我们应该积极推动民办幼儿教育向更广泛的社会领域拓展，并促进这些机构的发展，以便能够培养更多有经验、有创新精神的幼儿教育机构。这些民办机构应该以灵活多样的方式满足社会不同层次的需求，从而让我国幼儿教育的供需矛盾得到有效缓解。

（三）贯彻落实科学发展观，履行中国政府庄严承诺的客观要求

以人为中心，全面协调可持续发展，是科学发展观的核心价值内容。在经济社会快速发展的今天，人们越来越重视儿童的身心健康。自改革开放以来，我国将教育推到优先发展的战略位置，并通过颁布一系列规章制度和指导性文件，从中央到地方各级政府保障幼儿教育的科学化和规范化发展，确保更多的儿童能够接受更优秀的早期教育，这些举措为普及义务教育奠定了坚实基础。

在全社会范围内，我国政府积极倡导、培养对儿童展开的关爱行动与教育，并致力于为儿童提供实实在在的服务和支持。一方面，加大政府对幼儿教育的资金投入；另一方面，积极动员社会各界的力量，采用多种渠道和形式，全面推进幼儿教育的发展。对于民办幼儿教育的发展，我们应当积极提供支持和援助，这不仅与我国国情发展十分契合，更是遵循国际幼儿教育发展普遍规律的重要表现。为了贯彻以人为本的科学发展观，以及对民办幼儿教育的发展提供大力支持，各级政府特别是中央政府应将一定的财政资助投向私立幼儿园。在初期阶段，政府可以进行干预，将一些保育水平较高的公立幼儿园转变为私人幼儿园或民办幼儿

园，在不断提高这类幼儿园的社会吸引力与市场盈利能力后，逐步减少对这些幼儿园的财政资助，从而让它们通过自身的运转实现良性发展。此外，为了支持幼儿教育事业的发展，我们可以采取收费的方式，将一部分社会闲散资金吸纳到幼儿教育领域。我国的幼儿教育具备双重特征，即教育性特征和社会福利性特征。它不属于义务教育范畴。单靠政府的补贴，实现所有适龄儿童都能参与学前教育的想法是不现实的，因此，我们需要动员社会各界的力量，让他们尽可能地向创办幼儿园上投入资金，让更多的儿童能够接受学前教育。需要注意的是，条件较高的私立幼儿园的收费标准可以在合理的范围内适当提高，但其出发点不能是为某个人或某个机构盈利，因为这种做法不仅对办园者不利，而且将影响整个民办教育系统的健康发展。幼儿教育既属于教育事业，其本质又属于社会福利事业，若其求学费用超过教育成本，并大规模开办所谓的“贵族幼儿园”，会导致只有极少数高收入阶层的家庭能够负担得起，而一些对教育资源有需求但属于中低收入阶层的家庭则会被拒之门外。这些情形妨碍了教育机会的拓展，不仅会对教育公平原则产生负面影响，也违背了我国政府和国际社会对于幼儿教育所寄予的美好期望。从另一个方面看，学前教育也可以说是一项关乎民族未来发展的大事。为了兑现我国政府的庄严承诺，确保更多适龄儿童能够接受早期教育，我们必须积极推进民办幼儿教育建设，要通过多种形式的民办幼儿教育机构来弥补和优化幼儿教育的格局，从而让更多的适龄儿童享受接受学前教育的权利。

（四）社会对于人才的培养也要求大力发展民办幼儿教育

幼儿阶段的教育是整个教育事业的起始点，也是人才培养的基石，儿童的全面发展不仅对其个人成长具有重要意义，同时也能够对社会的进步和发展产生深远影响。科学教育的重点应该是学前儿童所接受的教育，以确保他们能够获得全面的知识和技能。儿童早期的教育与发展是社会人才培养的基石，这已经被世界教育权威组织和各国政府广泛认同。

三、大力推进乡村民办幼儿园建设

学前教育不仅是国家教育事业的一个重要组成部分，还是一项和广大人民群众根本利益相关的社会公益事业。因此，必须把学前教育放在优先发展的战略地位。只有当广大农村居民深刻认识到学前教育对于个人成长、成才的重要意义时，农村学前教育才能够在根本上取得进步。近些年来，民办幼儿园的数量呈现迅猛增长之势，增长的速度已经超过了公办幼儿园，成为办学的主要组成部分。民办幼儿园的快速发展在一定程度上满足了社会对学前教育的需求，为我国学前教育的发展注入了强劲的推动力。《国家中长期教育改革与发展规划纲要》也提出了“建立政府主导、社会参与、公办民办并举的办园体制。积极发展公办幼儿园，大力扶持民办幼儿园”。

（一）加强民办幼儿教育的法制建设

我国《宪法》规定：“国家鼓励集体经济组织、国家企事业组织和其他社会力量依照法律兴办各种教育事业。”这也是我国法律对民办教育的规定。在过去的二十年里，国家教育行政主管部门陆续颁布了一系列有关幼儿教育领域的法律和法规，这些法规和规定能够促进幼儿园行为的规范化，引导民办幼儿园向着健康、积极的方向发展。鉴于民办幼儿园的建立和发展时间比较短暂，相关领域的法律法规尚未完善，民办幼儿教育发展速度的不断提升，必须重视法制化的建设，以使民办幼儿园进入以法治教的规范道路。

在立法之前，明确指导思想是十分必要的，只有确立了相关的指导思想，才能够加快民办幼儿教育的发展速度，从而提升儿童获得早期教育的机会。同时，在民办幼儿教育不断推广的环境下，“面向社会、自主办园”机制能够更快更好地实现，并推进幼儿园运行机制的改革和创新。我们需要通过对民办幼儿园合法权益的维护，实现提升民办幼儿园办学活力的目的，保障幼儿园办学教育质量的提升。

在制定民办幼儿园的相关法律时，必须将以下原则作为根据：

1. 在鼓励和引导之间寻求一种平衡

为了激发社会团体和公民个人办园的积极性，促进幼儿教育事业的繁荣，需要制定并实施一系列促进积极性的政策，包括但不限于在幼儿园设置标准、经费等方面提供便利。同时，还应当根据国家教育发展规划，以及当地经济状况制订相应的收费标准，并建立合理的价格机制，使民办幼儿园真正成为受政府支持、能自我运行的市场主体。这一举措具有双重效益，不仅能促进我国幼儿教育体制的改革和创新，还能够满足家长对幼儿园办学的要求。同时，应当鼓励社会各界人士为广大农村儿童提供优质的幼儿园教育服务。尽管我国幼儿教育已经取得了较大的成就，但其发展仍存在着许多问题，幼儿教育供需差异问题仍然存在。

2. 实施自主管理原则

应当对那些具备法人资格的幼儿园进行登记和确认，以确保这些幼儿园具备独立的法人资格，并允许这些幼儿园拥有独立的决策机构——董事会，以便自行决定园内的重要管理内容。幼儿园可以拥有自主选拔园长和教师的权力，同时也能够自行决定盈亏。

3. 保证国家监督的原则

一方面，为了确保民办幼儿园遵守国家的教育规定，政府及相关部门应当落实国家监督权；另一方面，必须严格要求管理部门职权的落实，以确保政府及相关部门遵守相关的规定，避免出现过度干预和不当行为。

（二）加强民办幼儿园的管理与督导

为了促进民办幼儿教育的规范化发展，政府行政主管部门应当积极推动并全力支持幼儿教育的发展，同时重视立法工作的落实，确保民办幼儿园的各项制度能够落到实处。民办幼儿园的登记和注册必须经过严谨的审批程序，以确保其合法性和规范性。对于新建或改建后出现问题的民办幼儿园，应当依法进行调整或撤销。下面我们介绍几点民办幼儿园的设立条件：第一，必须按照办园指导思想开展教学活动，以确保其运营的高效性和可持续性。第二，相应的园所经费和资金来源已得到妥善安排。第三，具备适宜幼儿教育教学的基础设施，包括幼儿活动场地、教学设施、园所场地等，以满足教学需求。第四，吸纳水平较高、符合教育教学需求的高素质幼儿教师队伍。第五，园长需要具备较高的管理能力和办学素质，能够带领整个园所向前发展。第六，园所的名称和机构是独立的。第七，幼儿园具备自主承担活动责任的能力。

根据以往幼儿园的办学经验，申请创办民办幼儿园的机构或者个人必须向教育行政主管部门递交下列文件：第一，申请办园的报告。第二，提供办学证明文件，以证明申请人有资格申请办园。第三，提供董事会的具体成员名单，并附上拟担任董事长和园长的个人身份证明。第四，提供幼儿园具体信息，如章程、地址、名称等内容。第五，提供幼儿园的资产明细，如教学设备、活动场地、园舍等，如果园舍场地涉及租赁，需要提供具备法律效应的租赁协议书、经费的具体来源。第六，教师、保育人员名单。第七，经过上级部门具体审核的具体收费标准。

为了解决目前存在的审批职权不明、多头审批和审批制度存在漏洞的问题，社会力量办学处（科）明确民办幼儿园设置的审批权，做到权责分明。在管理民办幼儿园的工作时，各级教育行政主管部门应该将政事分离作为处理和幼儿园关系的原则，持续推进简政放权，为幼儿园工作的开展提供便利，以确保幼儿园能够独立自主办学，并确保民办幼儿园的各项权益。民办幼儿园的建设与发展应得到各级政府的制度和优惠政策的支持，同时应根据具体的办学情况提供帮助。为了做好幼儿园的支持和帮助工作，我们需要调查并研究幼儿园的办学状况，有针对性地联系幼儿园，全面掌握情况，注重典型案例，提供优质服务，及时解决幼儿园的各种疑问。

做好民办幼儿园的评估、督导、检查、监督等工作，是教育行政主管部门的重要职责。根据政府制订的幼儿教育规定，要对表现突出的民办幼儿教育机构给予支持和鼓励，并落到实处；同时要依法保护民办教师合法权益，禁止任何组织或者个人侵占、挪用或非法转让幼儿教师资源，以保证幼教工作健康有序地开展。对于那些不合法经营幼儿园的办园者，要给予严厉的惩罚。这些惩罚包括警告、罚款、限期整顿、停止招生和撤销五个等级。如果民办幼儿教育机构受到了撤销的处罚，在完成偿还债务的任务之后，剩余的机构将交由批准撤销的教育行政部门处理，不能够用于其他用途，从而促进幼儿教育事业的快速发展。

（三）完善民办幼儿园内部管理体制

在幼儿教育体制改革的过程中，幼儿园内部管理体制改革发挥了重要的作用。如何做好幼儿园内部管理体制改革工作，使之适应我国社会主义市场经济发展的需要，更好地为幼儿服务，是一个值得研究的课题。当前，许多公立幼儿园已经在内部管理体制改革领域积累了丰富的经验，通过充分利用幼儿园的运营机制，提升了办园的活力，不断激励幼儿园的教职员工进行工作创新，为提升幼儿园的教学水平、管理效果和办学实效积累了丰富的经验。与公办幼儿园相比，民办幼儿园的办园模式更为自由，优势更大。在参考公办幼儿园体制改革经验的同时，民办幼儿园必须开阔改革的思维、提升改革的动力、发扬本园的优点，以政策作为改革的导向，不断提升办园的效果，逐步建立起一套具有充足活力，能够自我发展、自我完善、自我约束、自我激励的幼儿园内部管理体制，从而满足社会对民办幼儿园的需求。民办幼儿园应设立一套独立的董事会体系，用于筹措办园经费、聘用园长，通过董事会的意见确定幼儿园未来的发展。当前，我国有一些地区的私立幼儿园采用了两种不同的管理模式，一种采用园长负责制；另一种采用董事会负责制。通常情况下，民办幼儿园的法人代表可以担任董事长一职，而对于那些没有设立董事会的民办幼儿园来说，法人代表可以担任园长。

我们在改革过程中应当重视对民办幼儿园组织架构的精简，不能将公办幼儿园的机构生搬硬套过来，而应该实行一人起到多个功能、一人担任多个职位的模式，并在日常工作中推行“满负荷工作法”。幼儿园负责为教职工制定薪酬标准，同时也有权奖励那些在日常教学工作中为园所做出杰出贡献的员工。为了确保教师队伍能够在流动性和稳定性中处于一个平衡的关系，必须充分激发教职工的工作创造能力，要坚持集体领导下的校长负责和民主集中制原则，正确处理行政管理与业务管理的关系，建立科学有效的管理制度，提高管理水平，促进教学质量的提高；应逐步建立完善的教职工代表大会制度，并以教师为核心，充分发挥教职工的重要作用，积极推进民主化的工作制度；应让幼儿园面向社会，主动接受社会大众的监督和支持。

（四）切实加强民办幼儿园师资队伍建设

确保民办幼儿教育可持续发展的根本保障在于培养一支政治业务素质过硬、结构科学、体系成熟的教师队伍，因为教师是促进儿童早期发展的关键。因此，要想办好一所民办幼儿园，就一定要重视对幼儿教师的培养。民办幼儿园是否能够长久发展取决于教师队伍的水平高低，这是一项至关重要的因素。加强民办幼儿园师资队伍的建设要从以下几个方面入手：

首先，为确保民办幼儿园教师队伍的稳定性，应优先吸收中等幼儿师范学校或高等师范院校学前教育系（专业）的专业学生担任教师，民办幼儿园教师应当具备一定的学历水平。民办幼儿教师的社会地位应和公办幼儿园的教师是相同的，民办幼儿教师不应在社会和个人方面受到歧视。

其次，民办幼儿园教师应具备良好的职业道德素养和教育教学能力，对其进行在职学习和继续教育是十分必要的，可以促进教育资源的优化配置和流动，只有这样才能促进民办幼儿园教师队伍整体素质的全面提高。目前，我国民办幼儿园教师队伍还存在着学历层次较低、知识结构不合理等问题。为了解决这些问题，各民办幼儿园必须提前明确具体的实施计划，组织教师参加培训和学习，为教师提供良好的学习氛围和学习条件。培训和学习的目的在于提升教师队伍的整体水平，使幼儿教师具备符合教学要求的素质和知识，从而改善教育行动，以适应21世纪社会的生活需求。为了适应不断变化的社会需求，提高幼儿教育教学工作的水平，教师需要树立终身学习的理念，不断丰富自己的知识储备。

最后，民办幼儿园要根据实际情况制定出合理可行的工资标准，保证民办教师工资不低于公办幼儿园的相应水平。民办幼儿园教师应当享有国家在养老保险和住房制度改革等方面的优惠政策。政府应采取各种措施鼓励民办幼儿园教师为社会服务，在职称评定和优秀教师评选等方面，给予民办幼儿园教师更多的支持。

第三节　构建乡村学前教育多元发展格局

在中国学前教育改革的各个部分中，乡村学前教育被视为重中之重，乡村学前教育能够促进社会主义新农村的建设，只有建设好了社会主义新农村，社会主义和谐社会的总目标才能够实现。为了建设社会主义新农村，我们不仅需要推进农村地区的经济建设工作，还必须注重农村社会保障、医疗、文化、教育等方面的发展。乡村学前教育作为我国学前教育体系中最基础的阶段，其地位至关重要。乡村学前教育的发展水平关系到我国下一代的成长，进而对我国国民素质产生较大的影响。中国学前教育改革的难点和重点都在于农村学前教育，这一领域一直是学前教育的薄弱环节。近年来，在全社会的高度关心和支持下，我国农村学前教育发展取得了较大的进步，建立了覆盖县、乡、村三级的学前教育服务网络。特别是近几年，各地积极探索新时期乡村学前师资建设与管理办法，加大财政投入力度、完善相关政策制度，以及加强教师队伍建设，有力地推动了乡村学前教育的健康、快速发展。

一、乡村学前教育发展格局的形成

为了推进乡村学前教育的发展，我们必须以公益性和普惠性双重原则为基础，促进办园方法和形式的丰富，致力于构建一个“广泛覆盖、基本保障、公民参与、稳健发展”的学前教育服务网络体系。为了促进学前教育的发展，必须提供相应的物质基础设施。中华人民共和国成立以来，党和政府一直十分重视对农村幼教事业的投入，并在不同时期出台过有关政策，但受当时历史条件的限制，这些政策措施没有得到很好的落实。在改革开放之后，在社会主义市场经济的快速发展背景下，国务院进一步明确了幼儿教育事业的发展方向，即依托国家、集体和公民个人的力量共同推进。这就为我国农村幼教事业的发展提供了新的政策依据。在这一发展方向的引领下，我们已经打破了过去单纯依赖国家和集体全权包办幼儿教育事业的传统。经过长期的坚持和努力，我们已经建立了一种全新的机制，即国家、集体和个人共同投资，一起分担幼儿教育成本，而城乡幼儿园的教育经费则主要由主办者负责筹集，同时也向家长收取一定的费用。如果幼儿园的所有权和经营权归属于国家的政府部门，那么这一幼儿园的办园经费主要由相对应的部门负责；国家拥有所有权的幼儿园，但是由集体或公民个人承办经营，除了政府部门负责办园场地外，其他经营的经费由个人负责筹集，所以这类幼儿园具有公办和民办的双重性质，同时也具有双重的优势；还有一种公办民助的幼儿园，与国有民办幼儿园的性质相似，除了所有权和经营权属于公有之外，资金来源主要是民间的其他资金，从而达到提升办学质量的效果；此外，还包括一些由企业出资兴办的幼儿园，所有权归企业所有，社会共同负责办园的经费；民办幼儿园的所有权和经营权则往往具有高度的统一性，因此，开办、投资、经营、管理和受益的责任均由个人承担。这些都是改革开放以来我国民办教育蓬勃发展所带来的必然结果。民办幼儿园的蓬勃发展使得社会力量共同参与投资中，这一模式十分适合社会主义市场经济的发展环境，形成了一条大社会办大幼教的发展路径，同时教育经费快速增长，形成了不同社会主体共同关注、支持的全新投资格局。

二、积极构建多元发展格局

为促进城乡学前教育的协调发展，政府应当从较为宏观的角度制订政策和制度，加强乡村幼儿教育的师资力量，缩小城市和乡村在办学水平上的差距，并提供一定的政策和资金优惠支持。随着城市经济的快速发展，公办幼儿园的规模逐渐扩大，其整体水平也会更上一个台阶，从而形成以公办幼儿园为框架，以民办幼儿园为辅助的学前教育发展格局。在城市范围内，构建不同形式相融合的学前教育服务网络，在服务网络中，示范幼儿园是中心，社区是基础；在乡村地区内，学前服务发展格局以乡镇为中心的幼儿园为框架，以村级幼儿园（班）和民办幼儿园为辅助。

（一）强化政府职能，完善学前教育管理体制

主管教育部门需要领导并组织学前教育的工作，制定并实施项目工程的计划和方案，以推动学前教育的全面发展。政府部门要明确学前教育在社会发展中的重要意义和不可替代的作用，要把发展学前教育作为改善民生、构建和谐社会的重大战略举措来抓，并纳入国民经济和社会发展计划。学前教育的发展不仅能够促进儿童个人的发展，还能够维护公民个人的权益，以及明晰国家和民族的前途和未来。要想实现学前教育的快速发展，各级政府要积极承担起学前教育工作的重担，深刻认识到在当前社会发展学前教育的重要意义，提升紧迫感、使命感、责任感，以应对未来的挑战；秉持学前教育的公益性和普惠性特点，致力于提供多元化、覆盖全面的学前教育公共服务；将政府主导、社会参与、公办民办放在同等重要的地位上，明确各级政府在规划、投入、监管、保障公平等方面的责任，积极调动社会各方的积极性；致力于推进农村学前教育的发展，从而确保所有农

村儿童都能够有接受学前教育的机会；以先进的育儿理念作为理论基础，同等重视幼儿身心发展和学前教育的规律，防止学前教育出现过于小学化的倾向；秉持以服务社会为中心的理念，根据当地实际情况，开展多种形式的学前教育服务；积极探索建立保教指导机制、师资保障和培训机制、家庭经济困难幼儿入园补助机制、成本合理分担机制、学前教育的资金投入机制等，以促进学前教育事业的发展。要加强政府对幼儿教育的统筹协调和监督管理，加大财政性经费支持力度，积极支持民办幼儿园的发展。相关部门为促进民办幼儿园的发展，制定了一系列扶持政策，包括但不限于减少税收费用、减免租地费用等措施，以激励民间资本积极参与幼儿园的经营和管理。政府部门还以派驻公办教师、以奖代补、减免租金、购买服务等多种方式，引导民办幼儿园直接面向社会所有群体。民办幼儿园若被政府部门认定为非营利组织，则可享受免征企业所得税的优惠政策。在公共收费方面，民办幼儿园享有与公办幼儿园同等的待遇，包括但不限于水、电、煤气、采暖、排污和物业等。民办幼儿园所征收的保教费经报备并公示后，享有营业税免征的待遇。确立民办幼儿园的不同等级标准，并在规定的时间内实施分类定级评估，以建立起民办幼儿园的品牌特色。完善学前教育法律制度，加强教育行政管理部门与民办学校之间的协调合作。确保民办幼儿园的合法权益得到政府部门的维护。完善相关法律法规，加大对民办学校的监管力度，规范民办幼儿园行为。确保民办幼儿园享有与公办幼儿园同等的优惠政策，具体体现在评优评先、评估指导、分类定级、审批登记等方面，以保障其教育质量。

（二）建立学前教育投入长效机制

政府应持续增加对学前教育的资金投入，以确保公立幼儿园的正常运营，并按时拨付教师的工资。加大对民办教师培训力度，成立专项经费，以支持学前教育的发展。建立完善的经费保障机制，以政府投入为主导，以确保资金得到充分利用。在同级财政性教育经费中，应当保障财政性学前教育经费的所占比例，地方财政应优先安排用于学前教育的专项资金。公立幼儿园的生均经费标准和生均财政拨款标准，是根据各地的实际情况进行深入研究得以制定的。加大对民办幼儿教育的扶持力度，制订具有优惠性质的政策，以激励社会各界积极参与幼儿园的创办和资助。为了合理确定幼儿园生均成本中家庭分担的具体比例，需要根据当地的多种因素进行综合考虑。

（三）加强教师队伍建设，全面提高幼儿教师素质

要加强对学前教育师资的培养和培训，以提升幼儿教师的专业素养和教学能力，完善对在职幼儿教师的继续教育制度。确立一套完备的机制，以保障学前教师的薪酬和福利待遇。构建一批结构合理、业务精湛、对儿童充满热爱、道德高尚的幼儿教育师资。在制订师生比例的基础上，明确公办幼儿园的教职工编制数量，并不断提升幼儿园教师的配备完善度。为了提高编制的有效性，将骨干管理人员、医务人员、专职教师纳入编制体系中，以满足他们的需求。确立一套政策导向机制，以公开招聘的方式吸引符合条件的师范院校优秀毕业生和教学水平较高的幼儿园教师加入事业编制行列。经过学前教育的培训，使得具有中小学教师资格的人员加入学前教育的行列中来。依据公办幼儿园编制标准的相关规定，民办幼儿园实行“自主聘用、合同管理”的管理模式。对符合条件的幼儿教师进行继续教育和专业技术职务评定。幼儿园园长、专任教师、保育员、保健人员等应当具备相应的职业资格，并持有相应的上岗证明方可担任职务。那些不符合任职资格的在职人员，必须在接下来的三年内通过在职培训、自学考试等，否则将无法被聘用。确立一套园长报备机制，以规范民办幼儿园教职工的管理。对保教人员聘任进行严格的筛选，以确保新入职的员工具备相应的任职资质。幼儿教师资格考试的组织工作，由省级教育行政机构负责统筹协调。建立幼儿教师职称评定制度，实行“先上岗后注册”管理。遵循法律规定，确保幼儿教师的地位和福利待遇逐步提升，进一步完善幼儿园教职工工资保障措施、专业技术职称（职务）评聘机制，以及社会保障政策的落实。民办幼儿园的经营者应当与其聘用的教师签订劳动合同，并将国家幼儿园教职工工资标准的文件作为参考，确定本幼儿园教师的最低工资标准，不能拖欠教师的工资，并缴纳国家要求的保险和公积金。充分利用现有的教育资源，精心打造学前教育专业，以确保其高质量发展。加大对幼儿教育师资力量的投入力度，逐步解决农村地区幼教师资短缺问题。在探索初中毕业起点五年制学前教育专科学历教师培养模式的过程中，以提高教师队伍

的专业素养和能力水平。政府应致力于培养高水平的幼儿园卫生保健人员，并建立起成熟的园长和教师在职培训体系，以推进幼儿教师培训工作。为了提高幼儿教师的专业素养，应当设定一部分用于教师培训的专项资金，以用于幼儿教师的培训。确立每隔五年一次的全员幼儿教师培训计划，以培养一批专业水平高的园长和教师为目标。在先进幼儿园的引领下，开展园长培训计划，促进幼儿教师综合素养和教育水平的共同提升。

（四）加强监督管理，促进乡村学前教育健康发展

政府部门要从宏观角度对乡村学前教育进行协调和管理，完善由上级领导部门和下级分管部门分别负责的学前教育工作机制，以形成协同推进学前教育发展的强大力量。确立乡村学前教育联合会议机制，并定期组织会议的召开，分析出现的问题，共同探讨发展政策，一起解决学前教育领域出现的问题。教育部门应对管理方法和管理标准作出明确规定，并进一步完善政策体系。财政部门要加大财政投入力度，落实地方配套经费，保障农村地区幼儿入园条件。国家机关和其他组织在财政资金的支持下，需要与教育、财政等部门合作，科学核定公办幼儿园的事业编制。卫生计生等部门要对幼儿园建设进行检查验收。幼儿园教职工的日常管理、工资水平、社会保险，以及教师职称的评聘政策，应由人力资源社会保障部门制定。工商等有关部门要做好幼儿园卫生执法工作，规范幼儿园经营行为。为确保幼儿园收费管理的有效性，不同的管理部门应当从自身具体的职责出发，加强对幼儿园收费的监管和管理。公安部门应当在日常管理中重视对园区工作的指导，对辖区内的幼儿园进行科普和教育，以达到规范幼儿园周边环境的目的。公安交通管理部门要依法做好幼儿出行及校车运行情况检查，督促落实学校交通安全管理制度，保障师生人身安全。民政部门要积极协调相关职能部门，开展对托幼机构的检查评估工作。各有关方面应进一步加大工作力度，切实抓好幼儿园各项管理工作。

政府部门还应为民办幼儿园和农村幼儿园提供专业的业务指导，以确保其运营的高效性和可持续性。加强对民办幼儿园的审批和登记规范化，确保责权统一，根据不同的管理种类进行具体的评估，建设一批高素质、高质量的民办幼儿园。

不仅要重视学前教育的行政管理工作，也要重视教研工作的日常管理，完善不同等级的学前教育行政管理和业务指导体系，是各级教育行政部门不可或缺的重要任务。为了符合国家对学前教育工作的具体要求，各地制定了不同种类、标准的幼儿园办园标准，并开展相应的管理工作。各类幼儿园的审批工作由县级教育行政部门承担。省级县级政府有关部门应组织开展幼儿教育质量监测评价。对于已经获得批准的幼儿园，必须建立起成体系的年检制度，并建立幼儿园的信息管理系统，以实现对其进行动态监管。省级县级政府有关部门要制定并公布全省幼儿教育发展规划；在尚未取得办园许可的情况下，不得开展幼儿园的经营工作。对社会层面的幼儿园开展监督工作，是县级教育行政部门必须承担的重要职责。针对社会中存在的无证办园问题，各地政府部门应加大检查的力度，促进整改工作的落实。在整改工作开展过程中，不能出现幼儿无从上学的问题。经过全面整改并达到国家规定的，方可获得办园许可证。如仍不合格的，责令限期改正或关闭，并妥善处理好幼儿的安置工作。在幼儿园安全防范和治安保卫方面，各地部门应严格遵守上级的相关规定，在园内配置相当数量的保安人员和设施，保证管理制度的落实，以确保教职工和幼儿的人身安全。加强应急疏散预案的完备性，并定期组织演练以提高应急响应能力。定期检查园内的设施，及时排除所有潜在的安全隐患，以确保幼儿的安全。建立学校周边交通秩序的长效管理机制，为了确保幼儿园的安全，需要乡镇（街道）和村委会（社区）通力合作，共同保证安全管理措施的开展。

（五）突出工作重点，加快发展农村学前教育

第一，充分利用中小学布局调整后富余校舍等资源，发展农村幼儿园和其他形式学前教育，改善农村幼儿园基本条件，实施“县、乡镇中心幼儿园建设工程”。各地要把发展农村学前教育作为社会主义新农村建设的重要内容，将幼儿园作为新农村公共服务设施统一规划、优先建设、加快发展。各级政府要加大对农村学前教育的投入，实施以农村为重点的学前教育推进项目。按照以地方投入为主、省级适当补助的原则，新建项目履行基本建设申报审批程序，通过基本建设渠道筹集落实资金。扩建项目采取同建同补、以奖代补的方式，省级财政给予适当补助。鼓励乡镇中心幼儿园在行政村举办分园或办园点，支持利用农村小学富余校舍改建幼儿园（点）。乡镇中心幼儿园要配备专职巡回指导教师，人口分散地区举办流动幼儿园、季节班等，逐步完善县、乡、村三级学前教育服务网络。改善农村幼儿园保教条件，配备基本的保教设施、玩教具、幼儿读物等。创造条件、着力保障留守儿童入园，各地要建设一批办园规范、保教质量高、社会信誉好的示范性幼儿园，作为本地幼儿园教育科研中心、教师培训中心、信息资源中心和家庭教育指导中心。支持示范性幼儿园通过举办分园、合作办园、托管薄弱园等多种形式扩大优质教育资源。开展多种形式的对口帮扶活动，建立示范性幼儿园对薄弱园、农村园的帮扶制度，扶持城乡之间、不同园所之间共同发展。要把乡镇中心幼儿园建设成本地农村学前教育的示范基地，充分发挥其示范指导作用。

第二，农村地区各乡镇、村分布分散，为了便于管理以均衡发展农村学前教育，应当发展“一园多点”的发展模式。所有乡镇（街道）小学或行政村管理、资产为共有（含集体所有）的乡村幼儿园，均要从小学或行政村管理中分离出来，作为分园和教学点归属于乡镇（街道）公办中心幼儿园，并实行全乡镇（街道）学前教育经费管理、教师调配、教师工资发放、教师工作考核、教玩具配备、办学质量评估等“六统一”制度。在各乡（镇）设立中心幼儿园，实行独立建制，中心园成为独立的事业法人单位，乡（镇）范围内其他各幼儿园作为教学点直接接受中心幼儿园的管理。使县教育局赋予乡镇中心幼儿园相应的管理职能，使它成为全县农村幼儿教育纵向管理系统中的一个重要节点，乡（镇）范围或一定区域内的各村幼儿园，及其他幼儿园均以教学点的名义而成为中心幼儿园的一部分。

第三，政府发挥主导作用，促进民办园健康有序发展。例如，利用相关政策，充分发挥了政府在学前教育事业上的主导作用，通过政策性文件，因势利导，使民办幼儿园健康有序发展。

第四，科学政策引导，扶持社会力量办园。构建乡村学前教育多元发展格局，必须结合本地区情况制定科学政策，积极引导和扶持社会力量参与幼儿园建设。幼儿教育事业经费应坚持政府拨款、举办者筹措、幼儿家长缴费、社会捐助等多种渠道解决。县级政府每年可以安排学前教育专项经费，用于奖励优秀、特色的等级幼儿园、乡镇中心幼儿园、师资培训等。比如，对年度办学水平评估优秀的幼儿园进行奖励；对当年度被各级教育行政部门命名为省一级、二级、三级幼儿园的奖励；对欠发达乡镇幼儿园的奖补；对成绩突出的教师、园长及保育员、后勤工作人员的奖励等。此外，各乡镇也可以分别推出对辖区幼儿园的相关扶助措施。

农村可以充分利用中小学布局调整而闲置的校舍，优先无偿给民办幼儿园作为园舍，并在办园条件、规模、师资等方面适当降低要求，使民办园能够与公办幼儿园享受同等的优惠。农村幼儿园要提升幼儿教师文化素养，加强师资队伍建设，强化教师的规范规矩意识，让每一位教师学会最基本也最受用的教书育人的底线规矩，为提升幼儿园教师的专业发展水平奠定扎实基础。

加强对农村各级各类幼儿园的监督和管理，形成良好的幼儿教育市场。幼儿教育属于非义务教育，政府和市场如何合理分担责任是至关重要的，幼儿教育属于政府提供的公共服务，政府有责任规划和生产幼儿教育这种公共服务，但如果服务生产者也就是政府不能有效提供服务，希望通过整合社会资源来提高服务供给的有效性，间接满足市场的需要，因此，根据公共服务供给的复合模型可以发现，公共服务的生产者可以是政府，也可以是社会组织、企业或者公民。在农村地区，政府也大力提倡开展多元化的办园形式，通过制定相关优惠措施，吸引社会组织、企业和公民来举办幼教机构。同时，为了形成一个良好的办园格局，教育行政部门必须制定相关制度，对农村各级、各类幼儿园进行分类管理规范，加强对幼儿园的监督和管理，依靠幼儿园等级评定等途径，整合优化幼儿教育资源，引导农村幼儿园良性发展，并逐步走上规范办园的轨道，逐步形成政府主导、社会参与、公办与民办相结合的学前教育发展格局。

第五章　乡村学前教育监管机制

乡村学前教育的健康发展需要各方面的支持，其中，政府的监管是必不可少的因素。我国应当将乡村学前教育的相关部门的责任加以明确，并完善各级部门对其的监管责任，这样才能使乡村学前教育得到应有的保护，并让乡村学前教育持续发展。本章主要论述乡村学前教育监管机制，内容包括明确主体责任、建立投入监管机制、健全质量监管机制，以及完善安全监管机制。

第一节　明确主体责任

从政府职能上看，教育事业属于政府公共服务责任的范畴，随着政府职能转变的不断深入，社会管理和公共服务的职能在不断强化，因此，加强政府的教育责任就显得日益突出。对于乡村学前教育的监管来讲，也先要明确政府的主体责任。

一、镇级政府的主体责任

我国学前教育，由于尚未被纳入义务教育的范畴，社会关注度较低。近年来，随着区域社会经济的发展，学前教育在城镇和乡村都得到了普遍发展，但是由于教育的热点更多的是放在普九、中考、高考上，使得乡村学前教育的发展无法形成良好的氛围，与城市的学前教育存在着较大的差距。

在当今学前教育社会化的过程中，“政府之手”和“市场之手”应该并存，在市场调节失灵的地方，政府必须发挥导向和监督的作用。因此，乡镇政府所需承担的乡村学前教育发展的责任就必须要明确。在市场调节难以起到效果的乡村地区，乡镇政府是推动乡村学前教育发展的主要部门。

教育是我国的百年大计之根本，而学前教育则是教育发展的基础。由《国家中长期教育改革和发展规划纲要（2010—2020年）》和《国务院关于当前发展学前教育的若干意见》可知，学前教育是人接受教育的开始阶段，更是我国教育体系的重要组成部分，学前教育应当是一项公益事业。这两份文件明确了学前教育的属性问题。学前教育改革和发展的指导思想就是公益性和教育性，所以，保障每个儿童都能享受基本的教育权益就是其最基本的价值追求。

在我国的学前教育管理体制下，学前教育实行分级管理制度，地方政府对本地区的学前教育负责，本地区的不同部门分管不同的方面。中央政府则负责学前教育的相关法律法规、政策与方针的制定，县级政府负责本行政区域内学前教育的规划和布局、公办幼儿园的建设和各类幼儿园的管理，包括管理幼儿园的园长和教师，指导其教育教学工作等。

我国现行的教育管理体制可以归纳为分级管理、地方负责，以县级政府为主要责任主体。县级政府负责当地的教育发展，落实相关政策，尤其要重视本地义务教育的落实和质量提升。自农村义务教育的管理责任主体转为县级政府之后，农村义务教育发展取得了优秀的成果，其中，教师的待遇得到应有的保障，农村义务教育也有了发展的动力。县级政府负主要责任的管理体制，让县级政府加强了对基础教育尤其是义务教育的管理力度和财政投入，使得公共教育资源能够统筹发展、合理配置。加强农村义务教育管理也是我国农村综合改革的主要内容。落实县级政府负主要责任的管理体制改革，要强化对农村基础教育的管理，明确各级政府在农村教育管理中的责任划分，督促基层政府落实教育责任，完善相关的监督管理体制，保障农村教育有足够的资金维持发展，并让农村义务教育可持续发展。但是，从实际情况上来看，我国农村教育管理中仍然存在许多问题。县级政府往往将管理职责更多地放在义务教育方面，而在学前教育管理上则责任不够明确，因此，有必要将学前教育的管理责任落实到镇级政府的管理职能上，从而更好地加强对乡村学前教育的监督和管理。

在我国现行学前管理体制下，乡镇政府需要负责农村幼儿教育的发展，如建设乡镇幼儿园、筹措幼儿教育资金、改善幼儿园办学环境和条件等。由于农村义务教育已经全部实行“以县为主”的管理体制，由此带来的问题就是大多数乡镇因此撤销了教育办公室，对学前教育缺乏统筹管理。特别是长期以来形成的惯例，即“谁办园、谁负担、谁管理”的思想，使得乡村越来越难以承担办园的重担，因为乡村的财权已被集中到县级，所以乡镇政府的办学积极性大为降低。因此，乡村学前教育要想取得良好发展，就要在以县为主的管理模式下，给镇级政府更多的管理权限，并加大对乡村幼儿园的资源支持，让镇级政府承担起乡村学前教育的主要责任。

具体而言，镇级政府作为乡村学前教育管理的主要负责机构，一是应当结合当地实际情况制订出相应的发展规划；二是要以实现基本普及学前教育为目标，建立相应的推进机制，明确目标和相关工作进程，以保证目标得以实现。学前教育是城镇建设和社会主义新农村建设规划中的重要组成部分，学前教育也应纳入公共服务体系。政府应当对城镇和乡村幼儿教育布局作出合理规划，让幼儿教育能够全面覆盖城镇和农村，满足乡村儿童的学前教育需求。

由于乡村幼儿园基本都处于乡镇一级政府部门的统筹管理之下，所以确立镇级政府在乡村学前教育中的主体责任，就可以更加明确乡镇各级学前教育管理部门的职责。明确镇级政府的相关主体责任是乡村学前教育规范化的前提。只有让镇级政府负担起统筹辖区相关教育部门的责任，共同协调管理幼儿园建设和教育工作，加强对学前教育机构的监管，才能使乡村学前教育事业健康发展。

二、构建教育政绩评价体系，落实镇级政府责任

在乡村学前教育的发展中，只有明确镇级政府的主体责任，才能建立起长效保障机制，而机制作用的有效发挥则离不开相关的评估和监测工作。因此，镇级政府要针对乡村学前教育建立起相应的评估监测体系，掌握乡村学前教育事业的发展现状与质量，指导乡村学前教育的发展。评估监测体系要将各类幼儿园和学前教育机构纳入体系当中，以便及时发现乡村学前教育存在的问题并及时采取措施解决。

（一）镇级政府学前教育政绩评价的重要性

学前教育是我国国民教育体系的重要组成部分，发展幼儿教育事业也是提高

我国劳动力素质的重要工作，是我国发展的重要战略。这些都预示着幼儿受教育权得到了认可，因此，政府通过各种途径履行相应的责任，以及保障更多的幼儿接受教育的权利。通过建立对镇级政府学前教育政绩的评价体系，特别是加强对各项教育管理指标的考核，可以促使镇级政府高度重视学前教育的管理，将国家各项学前教育的管理法规和政策落到实处，不断规范学前教育管理工作，使学前教育逐渐标准化和科学化。

除了建立以县为主的学前教育管理体制之外，国家也要建立对镇级政府的相应工作的评价体系，这样可以督促镇级政府加强对学前教育的统筹，促使其在乡村学前教育管理工作中积极改革和提高。镇级政府负责本区域幼儿园的设置和调整，负责学前教育经费的筹措，坚持国家、社会和个人多渠道举办学前教育原则，形成以社区为依托、社会办园为主体、公办和民办共同发展的格局。

针对镇级政府学前教育的政绩评价体系建立的主要目的，就是对镇级政府的学前教育公共服务工作进行监督、评估与问责。该体系的建立能够约束和管理乡村学前教育的办学主体，促进乡村学前教育管理的规范化，能对乡村学前教育进行整体监督和治理。只有建立和完善这一体系，才能从外部对镇级政府实施制约，让镇级政府和相关部门对落实乡村学前教育相关管理工作进行监督，从而让社会上的相关主体和教育机构能够自我约束。

对镇级政府教育政绩进行评价也是转变政府职能、推进和深化体制改革的需要。通过建立健全镇级政府学前教育政绩评价体系，有助于镇级政府领导干部树立正确的教育政绩观，推动镇域学前教育事业的健康发展。教育政绩是领导干部素质和能力的客观体现，也是对领导干部进行考核、评价使用的重要依据。随着我国政治体制不断深化改革，对乡村学前教育的重视不断加强，建立和完善针对镇级政府学前教育的政绩评价体系逐渐成为一项重要工作。

学前教育是我国教学体系的重要组成部分，也是我国教育发展大计的重要内容，发展和完善学前教育关系到我国民族的伟大复兴的实现。《中共中央关于构建社会主义和谐社会若干重大问题的决定》指出，我国应当让公共教育资源逐渐向农村地区、经济欠发达地区和中西部不发达地区倾斜，逐渐缩小城乡之间、区域之间的教育差距，让公共教育实现协调发展。新农村建设是一个范围极广的概念，涉及农村社会、经济、政治和文化等多方面的发展问题，教育是其中最为关键的方面之一。农村儿童的教育关系着未来农村建设中的人力资源供给，因此，乡村学前教育工作是农村教育发展的重点。现阶段，农村教育的重要工作是大力发展乡村学前教育，保证未来新农村建设有足够的后劲，让城乡之间的发展逐渐协调。建设好和发展好乡村学前教育是各级党委与政府义不容辞的责任，通过建立对镇级县级政府学前教育工作的政绩评价制度，有利于镇级党政领导干部落实科学发展观、树立正确的政绩观，进而全面履行教育职责，推动镇域内学前教育的健康发展。

（二）镇级政府学前教育政绩评价体系的构建

镇级政府是在地方行使国家权力的组织，能够与服务对象直接接触，在乡村学前教育发展工作中也是最为方便和有效的责任机构。因此，构建一个科学合理的镇级政府学前教育政绩评价体系，对于发展乡村学前教育具有重要意义。根据政绩评价的原理，它是指根据一定的指标和标准对政府管理过程、管理成本、管理效率和管理效果的测评。对镇级政府学前教育政绩的评价应该力求全面体现政府教育工作的实绩，客观测量镇域学前教育发展的增值，形成较强的针对性和客观性。

国际上存在许多针对学前教育的指标体系，其中使用范围最为广泛的有三种：一是在国际组织的倡导下建立的，这类指标体系的主要目的是政策倡导，以及比较国际不同的指标体系；二是在国家力量主导下建立的，这类指标体系是国家的众多相关政府部门共同参与建设而成的，主要目的是对政策进行分析、评价和督导；三是为具体实践项目服务的，主要目的是以具体的政策任务为主导，收集与核心指标相关的数据，并据此对相关政策的实施提出建议。构建镇级政府学前教育政绩评级体系的建设主体基本属于第二类，是由上级政府为主管的，由教育主管部门等相关机构参与的，对镇级政府的教育政绩做出科学、合理评价的一套体系。而构建的根本目的则是为了促使镇级政府加强对乡村学前教育的投入和管理，促进学前教育的健康发展。

构建对镇级政府学前教育政绩的评价体系，应该立足于政府的主要职责，将其与幼儿园的职责和教师的职责区分清楚，力争体现出镇级政府学前教育工作的实绩，重点关注镇级政府工作之下学前教育事业在原有基础上的增值和发展，而不是一种静态的比较。这种学前教育政绩评价体系应该包含以下四个方面的内容：

1. 学前教育的经费投入水平

要改变乡村学前教育发展的困境，必须要解决财政投入的问题，学前教育在国家和社会中获得的经费投入越少，其占有的教育资源就越少，经济基础越是薄弱越是制约其发展。因此，必须贯彻落实《教育法》中所规定的“三增长一提高”。“三增长”指的是各级政府针对教育的财政拨款的增长要高于财政经常性收入的增长，在校学生的平均教育费用要逐渐增长，教师的工资待遇和学生的人均公用教育经费要逐渐增长。“一提高”指的是各级政府的教育经费支出在财政支出总额中的占比应当逐渐提高。这是从法律层面对政府在教育投入方面的职责的规定，这也是反映地方政府对教育的重视与否的重要指标。对于乡镇政府而言，在学前教育管理工作中，乡镇政府应当加强预算内生均公用经费增长的落实工作，保证教师的应有待遇不受损害，划出专项经费用于帮助农村乡镇中心幼儿园的建设和优化；保证合理的学前教育财政支出，并不断加大投入，建立完善且优质的乡村学前教育公共服务体系，让农村家庭能够负担起相应的教育支出，消灭农村中儿童因学费问题无法接受平等的学前教育的现象。建立对镇级政府学前教育政绩的评价体系，就是要测量镇级政府对乡村学前教育的经费投入水平，并且从发展的角度进行量化，既要从纵的方面去看每年在乡村学前教育经费的投入上是否增长，又要从横的方面来考察是否在政府财政支出中所占的比重有所增加，从而将其作为镇级政府教育政绩考核的重要依据。

2. 学前教育资源的优化配置程度

教育资源主要是指物质资源，这是开展学前教育工作的基本物质条件，包括幼儿园的校园设施和设备等。但是，教育资源的增加和基础条件的改善，不是一次性投入就可以彻底改变的，而是一个逐步积累的过程。所以，地方政府需要持续不断地加强教育资源建设，通过逐年的量的积累来实现教育资源的质的提升。教育资源的积累不仅要有量的提升，如幼儿园数量的增加、校园设施的增设等，更要有质的提升，即在幼儿园的布局上更加合理、优质资源配置更加优化、学前教育现代化水平不断提升等。

就乡村学前教育的实际发展状况来讲，由于其发展水平普遍较低，面临的主要问题是加快幼儿园的办园数量、改善办园条件、增加办园设施等。多数幼儿园完全依靠家长缴费来维持园所正常的运转，由于投入没有保障且收费偏低，办园条件长期得不到改善。另外，有些乡镇、村幼儿园设置数量不足，覆盖范围过大，导致家长不送孩子入园，入园率低。因此，在对镇级政府的学前教育政绩评价体系中，应该充分考虑教育资源的增量，而不能与城市幼儿园的发展水平进行同量化比较。

3. 乡村幼儿园的师资质量

乡村学前教育的优质发展受到师资水平的影响，对于乡镇学前教育机构的师资水平的评价不能指看中教师的数量，教师的质量也是极为重要的指标。一方面，要看幼儿园的师生比是否达标，是否配备了足额的教师；另一方面，还要衡量教师的学历和教学水平，以及优质师资的配置比例，甚至还要关注教师的职业道德水平。

保障学前教育发展的人力资源，为乡村幼儿园配备数量充足、素质较高的教师，是镇级政府的重要职责。对于乡村学前教育师资队伍来讲，目前还面临着诸多的困境，如很多农村地区的幼儿教师数量严重不足，一般会缺少幼儿教师编制标准，造成公办教师数量不足，民办教师队伍不稳定的状况。从教师素质来看，很多教师都未接受过正规的幼儿师范教育。在一些不发达地区，尤其是中西部农村地区，学前教育机构的教师有一部分是高中毕业甚至初中毕业生，幼儿教师多为教授语文和数学知识，其他学科的教师也多是从这两个学科中分流出来的。农村幼儿教师大多没有接受过正规的学前教育专业训练，存在专业知识不足的问题。此外，农村幼儿教师缺少职业培训机会，在教学方面存在许多问题，且教师流动性强，缺乏稳定性。以上种种原因导致乡村学前教育质量无法提升。农村幼儿教师的待遇问题也是制约乡村学前教育发展的重要因素，在这方面，农村学前教育存在以下问题：第一，幼儿教师同工不同酬现象普遍。第二，农村幼儿教师工作强度很大，工资待遇无法保障。第三，社会对幼儿教师的尊重不足。这些问题的存在导致大部分农村幼儿园不但无法吸引优秀的教育人才加入，还无法阻止有经验的幼儿教师的流失。所以，落实和提高幼儿教师工资待遇，稳定乡村学前教育师资队伍就成为镇级政府的重要责任。

镇级政府应该采取措施，提高幼儿园管理者和教师的素质。第一，镇级政府应当严格执行教师资格相关规定，严格把控幼儿园园长和幼儿教师资格的发放。对于现有的无证幼儿教师，政府应督促其参加教育部门的培训和考核，使其达到相应标准，对于规定期限内没能达标的教师应当予以辞退。第二，在幼儿教师资格培训中，政府和教育部门应强调教师对相关理论和实践知识的掌握，让幼儿教师通过培训掌握科学的幼儿教育方法和理论，形成科学、合理的幼儿教育理念，掌握不同年龄段幼儿的心理和行为特征，形成有效的幼儿教育教学方法。通过相应的培训，幼儿教师要提高自己的专业素养，还要端正自己的教育理念，形成科学的教育方法，杜绝对儿童的体罚和心罚行为，防止对儿童的健康成长造成伤害。第三，根据农村地区的实际情况，政府和教育部门还要重视对幼儿教师的急救知识和方法的培训，以便于在遇到紧急情况时能对幼儿进行急救，降低安全事故的发生几率。第四，乡镇政府要重视农村幼儿教师的待遇问题，完善社会保障制度，让幼儿教师的职业吸引力得到提高，以减少农村幼儿教师的流失，降低幼儿教师的培养成本。第五，乡镇政府要重视幼儿园管理者素质的提升，培养管理者的正确管理理念，提升其管理水平。有关部门要组织幼儿园管理者进行学习，使其了解相关的卫生保健和安全管理制度，并能结合幼儿园的实际情况制定合理的幼儿园安全管理制度，进而加强幼儿园安全工作。此外，管理者也要形成科学的管理理念，在管理工作中，要注重保障幼儿教师的合法权益，为其提供良好的工作和提升工作环境，充分调动幼儿教师的工作积极性，从而降低教师的流失率。第六，乡镇政府要重视幼儿园的安全问题。幼儿园管理者要对园内的食品、设施、教具等的采购进行严格的质量把控，将幼儿园的安全问题提到最重要的位置上；还要对幼儿园的房舍、水电、大型儿童娱乐或教学设施进行检查，消除安全隐患。

在对镇级政府的教育政绩进行评价时，必须充分考虑其在师资队伍上做出的实绩，不仅要看幼儿教师数量的增长比，还要关注幼儿教师质量的提升程度，如教师的学历层次、教学水平和待遇等。

4. 乡村学前教育的服务品质与管理水平

学前教育是公共服务的组成部分，因此要满足群众对学前教育的要求，群众对学前教育工作的满意度是衡量镇级政府的教育政绩的重要指标。从服务品质的角度去衡量，一方面，要考察镇级政府的学前教育思想是否正确，能否体现教育的公平性，为辖区内的所有居民提供大致均衡的学前教育，特别是能否保障弱势群体的教育资源；另一方面，还要考察镇级政府对辖域内学前教育中素质教育的实施情况，以及学前教育的社会满意度。

各级政府和幼教机构应加大向家长宣传幼儿教育先进理念的力度，引导幼儿园和村委会之间进行合作，通过多种渠道、采取多种形式让家长了解先进的教育理念和教育方法，使其形成科学的幼儿教育观念，配合幼儿园的工作共同提高学前教育的质量。镇级政府应当承担起相应的责任，让农村群众提高对学前教育的重视程度，这也是政府公共服务职能的重要组成部分。镇级政府要对学前教育进行分类治理，对证件不齐全的幼儿园进行全面排查，督促其尽快整改，取得相应的资格。在幼儿园整改期间，政府要保证园内的幼儿能正常享受学前教育。对于整改后达到要求的幼儿园，政府应当尽快颁发证件，使其尽快恢复教学，对于未能达到要求的幼儿园要依法取缔，并对园内的幼儿进行妥善安置。在对镇级政府学前教育政绩进行评价时，应该将政府的服务品质作为考核内容，同时，根据社会对幼儿教育的满意度来衡量镇级政府的教育政绩。

总之，就是要把乡村学前教育普及作为镇级政府政绩考核的重要内容，以评价体系为标准对乡镇学前教育发展状况进行客观的考核和评分。

第二节　建立投入监管机制

一、人大监督

我国实行的人民代表大会这一根本政治制度，人民通过选举产生人民代表大会及其常务委员会代表人民群众对政府工作进行监督。人民代表大会及其常务委员会（简称人大）是人民的代表机关，人大的监督权是人民当家作主、参与国家事务管理的具体体现。人大监督具有人民主权性，尊重人大的监督权就是尊重人民当家作主的权利。人大的监督权是国家权力的体现，人大所实施的监督行为是实现国家统治权的过程。人大在监督中形成的决议和决定是具有法律效力的，有关机构和个人都必须遵守执行，所以说人大监督是具有效力和权威性的。

作为乡村学前教育的主体责任者，当地政府的教育工作必须接受同级和上级人大的监督，特别是在学前教育经费投入方面，必须加强人大的监督。人大能够对政府学前教育经费投入进行有效的监管，也是由其自身优势决定的。任何权力的实施都不能无所约束，而人大的一项重要职能就是对政府执行政策的行为进行监督，在这方面具有特定的优势。

根据《中华人民共和国各级人民代表大会常务委员会监督法》的规定，各级人大都设有听取和审议政府专项工作报告制度。这样各级人大就能及时了解政府工作中的重要问题，并能够对重大问题的决定进行具体监督。在人大闭会期间，各级人大常委会也可以对政府专项工作报告进行审议和监督。这就保证了人大对政府实施宪法和法律活动监督的主动性和经常性，有效地保障人大作为国家权力机关在重大事项上的决定权。在乡村学前教育的投入问题上，人大可以发挥其监督优势，形成强有力的监管。我国虽然形成了政府、社会团体和家庭多种渠道的学前教育投入主体，但是，政府的财政投入必须按照“三增长”的规定而不断增长，对学前教育财政投入的分配进行调整，并且以立法的形式进行保证。政府的财政投入预算和决算所形成的政府工作报告必须经由人大的听取和审议，从而对其实施有效的监督。如果政府的学前教育财政投入没有到位，没有完成“三增长”的要求，那么人大就可以行使监督权，对政府工作提出意见。

作为负责学前教育工作的政府，应该在财政投入方面自觉接受人大的监督。政府的教育财政开支必须公开，从而完全进入人大的视野，由人大对其进行监督，要实现人大对政府教育财政经费执行情况的监督，就必须增强财政预算的透明度。公开预算情况，也就是通过人大来让全社会实现对教育经费预算和开支的监督。财政投入工作自觉接受人大监督，促进依法行政工作，切实转变政府职能，是建设法治政府、提高政府学前教育行政管理水平的根本途径。学前教育的外部性决定了政府是学前教育投入和保障的主体，政府对学前教育的发展负有不可推卸的责任，而各级政府的具体责任表现又各不相同。在具体的财政投入问题上，中央政府应该增加学前教育财政专项经费，地方政府也应相应设立学前教育经费，同时，要以法规的形式确定各级政府需承担的学前教育经费的比例，并要将财政经费落实到位。另外，政府还应该加大对公立园的资金投入量，加大政府财政补贴的力度，对非公立园也应该根据办园质量和规模进行适当的补助。对于广大的乡村地区，以及弱势家庭的儿童，政府则需要采取积极的扶持政策，设立专门的财政扶贫助困项目。

二、审计监督

审计监督属于国家机关监督，能够完善权力制约机制。根据《中华人民共和国审计法》的相关规定，审计机关有权对本级政府各部门的预算执行情况和决算，以及预算外资金的管理和使用情况进行审计监督。在我国法律规定下，审计监督的范围十分广泛，包含国务院各个部门、地方政府相关各个部门、国有金融机构、企事业组织，以及法律规定的需要接受审计的单位和相关事项。国家财政收支和国有资产相关的财务收支都需要接受审计的监督，需要审计的主要内容有收支的真实性、合法性和效益性。审计工作能够保障国有资产的安全和完整，让国有资产保值、增值。所以，审计监督可以对政府的学前教育财政投入实施监督权，从而规范学前教育投入监管机制。

学前教育经费投入的审计监督工作包含许多内容，涵盖范围广泛且全面，既有预算内的部分，也有预算外的部分；既涉及学校的相关支出行为，也涉及政府和社会在学前教育上的投入和支出行为。审计监督的工作要针对学前教育经费的筹措、使用、投入和管理等方面，如学前教育的经费投入是否符合“三增长”的法律要求，经费在下发和使用过程中是否存在被截留、被挤占和被挪用等违规现象；有关经费筹集的政策是否得到严格落实，是否能足额筹集并及时进入教育部门，在经费筹集过程中是否存在乱收费、乱集资、摊派不合理等情况；预算内和预算外经费的使用和管理工作是否合理、有效，是否存在违反相关法规纪律、挥霍和浪费等问题，使用的经费是否产生了足够的效益，相关的内控制度是否健全、合理，相关会计核算工作是否准确、合规，年终结算是否真实合理，有无虚列等问题；幼儿教师的工资能否及时足额支付，是否存在拖欠状况，情况是否严重等；幼儿园产业、负债、损益，以及勤工俭学的资产等情况如何，幼儿园是否有依法缴纳税金，所获利润能够否根据相关规定进行收集并用于教育经费的补充。

审计监督工作的有效完成离不开各级教育主管部门内审机构的支持，教育部门内审机构要对下属单位的教育经费审计和监督工作进行严格的指导和把控，及时对具体工作作出部署，组织相关单位积极进行自查、相互审查，并对重点单位和项目的联合审计进行抽审抽查，通过多方面工作的加强促进审计和审计调查工作质量的提高。学前教育的相关责任部门要及时对国家审计机关，以及上级内审机构的相关工作部署进行了解，主动了解和配合相关机构对教育经费的审计监督工作。对于相关机构提出的明确要求，责任部门要积极组织、认真落实，完成好自己的任务；如果没有明确的要求，那么责任部门要根据本地区、本部门和本单位的实际工作情况和相关工作要求制订出合理可行的审计监督工作计划，主动对教育经费的相关审计监督工作进行全面的审计和审计调查；或者确定审计监督工作的重点，进行专项审计或审计调查，并在工作中积极寻求当地国家审计机关和上级内审机构的工作指导和支持。责任部门还要将审计监督中发现的问题进行详细的分析研究，并依法进行严肃处理，如果有对政策问题把握不准的情况，则应及时向上级反馈，寻求上级的意见；对于需要向上级汇报的问题要及时、真实、全面地进行上报，并提出自己的意见和建议；针对本部门或者单位内部的问题，应当及时采取合理、有效的措施进行纠正；在审计监督工作结束后还要对工作中发现的问题和积累的经验等进行总结，以提升审计和审计调查能力，以便更好地完成相关工作。责任部门要将审计和审计调查的具体情况和结果，以及形成的经验等写成书面材料，及时送交给上级机构，以推进审计监督工作更好地进行。

贯彻执行《中华人民共和国审计法》和《中华人民共和国教育法》要求相关部门加强对学前教育经费的审计监督工作。我国现行的学前教育投入体制以各级政府的财政拨款为主，以多渠道的经费筹措为辅。审计监督工作的执行能加强学前教育经费投入体制和相关政策的落实，促进预算内外学前教育经费管理工作的改善和提升，保证学前教育经费的收支真实、合理合法、具有应有的效益。由此可见，学前教育经费投入的审计监督工作有许多重要作用，首先能促进学前教育经费的开源和节流，让教育经费的投入增加；其次能维护国家的相关财经法纪，有效遏制学前教育经费投入与使用中出现的种种问题，促进廉政建设；最后能保障乡村学前教育经费充足，为教育改革和发展提供有力的资金支持，为学前教育的发展提供良好的环境。总之，政府每年都会划拨出相应的学前教育投入经费，相关责任部门应当自觉主动地接受审计监督，让学前教育投入经费能合理、合法、有效地使用，从而让乡村学前教育有足够的财政投入经费来维持和促进自身的发展。

三、教育督导监督

教育督导制度是根据我国的教育方针和相关法规政策制定的对教育行政部门和各级各类学校进行监督、检查、评估、指导和帮助的一项制度，其目的是贯彻相关的教育方针和政策，加强对我国教育事业全面发展的管理，从而提高教育质量，推动教育工作的健康发展。

我国的教育督导机构分为四个等级，分别是中央、省级、市级和县级四个层级，形成了一支既有专业性也有兼职人员的完备的督学队伍，建立起了督政、督学和教育监测结合的特色教育督导体系。教育督导是我国现行教育制度的重要构成。教育督导也是教育行政管理中的重要环节，对于政府的教育财政投入可以实施监督，因为政府对学前教育的财政投入也属于教育行政管理的重要内容。

教育督导的主要监督职能就是促进下级部门积极、主动地贯彻执行教育方针和政策法规，更好地完成教育教学和教育管理的各方面工作。教育督导的监督职能实际上是由教育督导机构及其成员在代表政府和教育行政部门行使职权，主要是检查和督促下级政府执行和完成教育政策，保证教育管理目标的实现。实际上，教育督导机构成了决策机构和执行机构在实现管理目标时最有力的帮手，因为教育督导可以帮助政府实施监督职能，尤其是对其下级政府的学前教育财政投入可以进行有效的监督。对于发现的问题，教育督导机构可以及时向上级政府进行反馈，或者提出针对性的改进措施，从而有效地保障乡村学前教育的财政投入，并形成有效的监管机制。

在我国由传统的“教育行政管理”向“公共教育管理”发展的形势下，教育督导的监督职能开始朝着建立公正、规范和高效的教育行政管理体系和推进公共教育管理改革的方向发展。督导是监督和指导的结合，是上级部门对下级部门进行的直接的规制性监督。督导不能是居高临下的、对下级的视察和考核，也不能只进行监督而忽视了指导工作。教育督导对于教育行政工作而言十分重要，甚至称得上是教育行政的主要作用。教育督导工作能影响整个教育行政体制的效能发挥。教育督导能让教育行政的领导和管理工作得到提升，保证教育方针和政策在实际教育工作中得到切实的执行，使教育能够健康发展，这也是教育督导的主要意义所在。因此，教育督导是中央和地方政府都十分重视的工作。

随着经济社会的发展，对发展教育的呼声愈发高涨。大众加大对学前教育的财政经费投入，推行免费或义务学前教育的要求逐渐凸显。根据我国相关规定，各地政府应当积极采取合理、有效的措施加大对学前教育的投入，让学前教育的财政经费投入逐年上升。具体而言，县级以上的政府部门要投入足够的经费，保证公办幼儿园的日常运行，保证教职工能及时足额地收到工资，保证示范性幼儿园建设工作顺利进行，为幼儿园师资培训等活动提供经费。此外，县级以上政府要保证幼儿教育经费能用到实处，杜绝挪用、截留、挤占等现象的出现。乡（镇）县级政府也要在财政预算中加入幼儿教育发展的经费。此外，我国相关文件还对教育督导工作进行了明确规定：我国要建立相应的幼儿教育督导制度，在幼儿教育督导工作实践中坚持督政与督学相结合。国务院教育部门要针对幼儿教育制定相适应的督导评估办法，省级县级政府要针对本地的幼儿教育工作制定出地方施行的教育工作督导评估标准，对幼儿教育事业的发展目标与计划、幼儿教育经费投入和筹集、幼儿教育质量、幼儿教师的待遇等方面进行监督和指导，此外，针对地方存在的重点、热点和难点问题应进行专项督导。从我国现行的学前教育方针和政策来看，教育督导是对学前教育经费的财政投入进行监督的主要方式，我国应积极发挥教育督导的作用，建立起针对乡村学前教育的监管机制，以保障乡村学前教育健康发展。

总之，要改变乡村学前教育发展中经费短缺的问题，就必须保障政府的财政投入经费的完全到位，而要做到这一点不仅需要政府的自觉执行，更需要形成相关的监管机制。具体来讲，就是由人大监督、审计监督和教育督导监督形成三者相结合的学前教育财政投入监管机制，对乡村学前教育的财政投入提供有效监管，为其发展保驾护航。

第三节 健全质量监管机制

随着我国经济社会的迅速发展，地区发展之间的差异日益显现，学前教育的发展差异也备受关注。因此，学前教育的质量成为基础教育中大家所关注的焦点问题。提高学前教育的质量，缩小城乡地区之间学前教育的差异，成为大众普遍关心的课题。要提高乡村学前教育的质量，必须健全质量监管机制。

一、建立中心园制度

幼儿园是实施学前教育的主要阵地，乡村幼儿园的办园质量决定了我国乡村学前教育的发展水平，因此办好中心园，建立有效的乡村幼儿园质量监管机制，是解决学前教育发展中问题的主要途径。

（一）建立和完善中心园

从我国目前的教育政策来看，乡镇级县级政府在农村幼儿教育工作中负主要责任，要做好乡镇中心幼儿园的创办、学前教育经费筹措和改善乡镇幼儿园办园条件等工作。县级以上政府则要负担起对幼儿教育的管理工作，发挥对乡镇幼儿教育的指导作用，督促其办好乡镇中心幼儿园。乡镇的幼儿保育和教育的指导工作则由乡镇中心幼儿园的园长负责。建立乡镇中心幼儿园符合我国学前教育的方针政策，在农村地区完善中心幼儿园制度对发展乡村学前教育十分重要。

乡镇中心幼儿园建设是乡村学前教育事业发展的核心问题，虽然在有关部门的重视下，各地纷纷建立了中心园，但是仍然存在着不少的问题。例如，有学者对湖南省东部地区乡镇中心幼儿园建设现状进行调查后发现，乡镇中心幼儿园存在办园水平总体较低、办园条件较差、教师数量短缺且素质不高、中心示范作用发挥不够等问题，制约了其在农村学前教育发展中的地位。因此，加快和完善乡镇中心幼儿园的建设，就成为乡村学前教育中要解决的突出问题。解决这个问题就是要明确乡镇中心园在乡村学前教育中的主体地位，以乡镇中心园建设和发展作为乡村学前教育改革的核心，充分发挥其辐射带动作用，形成以乡镇中心园为主体、以村园为补充的乡村学前教育体系。

建立和完善中心园制度，首先要构建乡村幼儿园的办园政策机制，将乡镇中心园体制改革和发展作为乡村学前教育改革的首要任务。具体说来，一是要坚持乡镇中心幼儿园和重点建设的幼儿园的公立性质，保证其公办体制，从而在资金投入和日常管理上提供保障，进而成为乡镇其他幼儿园的引领者。二是要建立健全幼儿园资格准入制度，设立一系列的幼儿园准入标准，对于不合格的幼儿园坚决不审批，对合格的幼儿园进行资格认定，从制度监管上确保幼儿园的质量。三是政府教育相关部门要对幼儿园进行相关制度化管理，对幼儿园进行质量等级评定，确保中心幼儿园的质量，鼓励其他幼儿园提高质量，从而跻身重点建设幼儿园的行列，以获得政府的更多支持。

把乡镇中心幼儿园的建设作为乡村学前教育的突破口，通过推进以公办为主的乡村办园体制改革，可以提升乡镇中心幼儿园的质量，进而推动整个乡村学前教育的发展。也就是要在坚持政府办园的思路下，以公办园为主体、以乡镇中心园建设和发展为核心，推进乡村学前教育的普及工作。在具体改革过程中，可以明确规定乡镇中心园由乡镇政府筹资举办、由教育部门主管，将中心园建成政府主办的公益性事业单位，使其成为乡村学前教育的骨干力量。可以把乡镇中心园的建设纳入到当地经济社会和教育事业发展的总体规划中，列为社会主义新农村建设和小康文明村创建的重要指标，并结合当地教育整体发展战略，实现学前教育资源的有效整合。另外，要明确乡镇政府的主要投入责任，乡镇幼儿园建设经费由乡镇财政投入保障。乡镇政府要解决中心园的教师工资、日常运作和教师培训等公用经费的供给，各地还应该设立专项经费重点用于扶持、奖励乡镇中心园规范化建设。对于中心园的教师编制结构和工资待遇，乡镇政府也必须予以明确，乡镇中心园的公办教师配备比例应该在半数以上，待遇不能低于当地公务员的薪酬标准。在我国现阶段中心园制度改革中，有些地区发展得更为迅速，如在山东省就将中心园定位为本乡镇学前教育行政管理中心、师资培训中心、教育教研中心、信息资源中心、家长服务中心和儿童活动基地。要充分发挥乡镇中心幼儿园骨干示范作用和管理服务功能。

围绕乡镇中心幼儿园的建设还需要落实一系列的问题。首先，要明确中心园的负责主体，就是要以县政府管理为主、乡镇政府具体负责，业务上以县教育局统筹管理、以乡镇中心幼儿园为主负责。同时，相关的人事、财政、建设、教育等部门都要协调配合，以便解决乡镇中心园发展中遇到的问题。乡镇政府具体负责中心园建设问题，还应该将其纳入教育政绩考核指标中，成为上级政府的考核内容之一。只有乡镇中心园达到一定的标准，乡镇政府的教育政绩才算达标，以此来使乡镇中心园成为政府的公共服务内容之一，并真正对广大乡村幼儿园起到辐射示范作用。其次，在经费投入上，要规范财政投入机制，将学前教育经费列入政府预算中，单独立项，并按照国家“三增长”的要求，做到逐年增加。同时，要建立学前教育预算内生均经费制度，将乡镇中心幼儿园生均公用经费列入政府财政预算，并规定乡村最低生均经费。最后，在乡镇中心幼儿园的师资队伍建设上，要建立一支素质较高的幼儿教师队伍，提高中心园的教学水平，实行乡镇中心幼儿园园长负责制度，并鼓励幼儿教育在职培训，以便不断提高教育水平。

（二）加强对中心园的业务指导，提高办园质量

由于很多地区的乡镇中心幼儿园处于起步阶段，经验非常欠缺，因此，加强对中心园的业务指导就显得十分重要。乡镇中心幼儿园建设是整个农村学前教育事业发展的核心，在农村学前教育事业发展中发挥了重要作用。对中心园进行业务指导不是检查和包办管理，而是提供先进经验，及时发现和改正办学中的一些错误举动，进而提高中心园的办园水平。

之所以要对中心园进行业务指导，是由目前存在的诸多问题所决定的。例如，在某些地区的乡镇中心园还存在着幼儿班名额严重超标的问题，有些幼儿园班额甚至能达到七八十人，严重影响教学质量的提高。某些县的几个乡镇中心园也出现使用教材版本不统一，课程设置标准不一的情况，幼儿一日活动缺乏科学合理

的组织和安排。一些中心园更是不按年龄分班，不管大班、中班还是小班都使用统一的教材。甚至有的个别幼儿园还出现小学化的趋向。这些不规范的做法都是不利于儿童健康成长的，也是违背学前教育发展规律的。如果这些问题不得到纠正，就会影响乡村学前教育整体质量的提升。

因此，要对乡镇中心园进行规范化管理并提供相关的业务指导。中心园的教学要体现幼儿的特色，不可向小学倾斜，也不能变成幼托机构。在教学内容上，要遵循国家学前教育的教学大纲，教材要符合国家标准，同时加强幼儿园之间教学经验的交流、互相学习、提高教学水平。在幼儿园的课程管理中，要注重教育活动的目标、教学重点、方法策略等，并且要关注幼儿发展的一些规律和年龄特点，并注重研究幼儿个性化兴趣和发展需求，促进幼儿自主学习。同时，在课程指导上，要转变重视集体教育教学、忽视生活和游戏活动的倾向，重点指导对于幼儿学习兴趣、需求和学习特点关注少的问题。另外，还要结合最新兴起的幼儿园课程地方化和园本化的趋势，进行相应的课程编制改革。在课程的具体内容上，可以利用当地自然和文化名胜开设相关的课程，还可以利用当地的土特产、习俗、节日等各种鲜活的资料。这样不仅可以丰富幼儿园课程的内容，而且还能培养幼儿对家乡和地方文化的热爱，也有利于优秀文化的传承和资源的充分利用。

提高乡镇中心幼儿园的办学质量除了加强业务指导之外，还要加强对幼儿教师的培训。教师培训是教师成长和发展的主要途径，乡镇中心幼儿园是农村幼儿园的建园示范，因此，加强对乡镇中心幼儿园教师的培训工作对于农村幼儿教育发展而言十分重要。学前教育管理部门应该制定科学的培训计划，并采用积极灵活的方式，对乡镇中心幼儿园的教师开展定期培训。在培训中，可以根据乡村学前教育的特点，进行专项培训，做到在短时间内将最先进而且实用的内容传授给乡村幼儿教师。培训形式上可以多种多样，如园内培训、外出实践、专家指导、开设讲座、园与园之间的研讨、乡镇与乡镇之间的观摩等。对乡村幼儿园教师进行分批、分期、分层、逐级培训，以提高乡村幼儿教师水平。另外，乡镇有关部门还可以开展岗位练兵、基本功展示等业务技能活动，为幼儿教师的专业发展搭建平台，促进乡村幼儿教师素质的提高。总之，就是要帮助乡镇中心园建立起一支既精通幼教业务理论知识，又具有较高教学实践能力的师资队伍。

针对乡镇中心幼儿园实行的园长负责制，还要开展中心园园长的幼儿园管理培训工作，从提高他们的管理能力入手，帮助他们树立现代中心园管理意识。另外，园长还应该在教育部门的指导下，开展幼儿园内部的业务研究活动，进行同行间的观摩演示、教学实例研讨等活动。这种园内业务的研修内容要针对教师的水平和中心园的实际问题，要倾向于实际的教学实践技能和方法，多多采用同伴交流研讨这一平等互助的形式进行，也可以建立教师成长共同体，加强不同乡镇中心园教师之间的学习和交流。通过形式多样的业务指导和中心园的教师培训等工作，提高乡村学前教育的质量。

二、建立督学责任区制度

乡村学前教育的发展离不开教育督导的监督和指导。建立学前教育督学责任区制度，就可以经常性地开展随访督导，推进教育督导工作的常态化，及时发现幼儿园存在的新情况和新问题，并可以有针对性地进行指导，规范幼儿园办学行为，从而有利于推动乡村学前教育的健康发展。目前，学前教育领域已经开始了对督学责任区制度的有益探索，建立督学责任区制度可以从四个方面着手：建立督学责任工作机制、加强责任区督学队伍建设、建立健全责任区督学工作考核、管理及结果落实制度、采取督学责任区保障措施。有些地方已经开始在实践中探索建立督学责任区制度。

在督学责任区的划分上，可以采取“以县为主，分级负责”的制度。在县级督学责任区的划分上，应该重点加强对乡镇中心园的督导。县级教育督导部门可以根据区域和幼儿园的特点，划分成不同的督学责任区。每个督学责任区的督学可以由专兼职督学担任，可以包括市政府教育督导团的市督学和县政府教育督导团的专兼职督学，但需要有一名组长作为该督学责任区的负责人，责任区由若干名督学负责。

各督学责任区的督学在进行督导时，应该坚持以下基本原则：首先，要坚持国家的教育法律和法规，依法进行督导，在法定的权限内进行督导、检查和指导。其次，在对幼儿园工作进行监督的同时，督学还应该对学前教育工作进行专业的指导，以坚持为基层学前教育服务的原则，使督学工作落到实处。责任区督学在对幼儿园工作进行评估时，应该坚持客观公正的原则，对待公立和私立幼儿园的工作成绩都应该做到实事求是的评价，评估结果不偏不倚，真正体现督学的公平性。最后，在监督和指导工作中，还应该注意坚持全面和深入的原则，督学应该深入到幼儿园和课堂中，全面了解实际情况，在实践中进行评价和指导。

在督学责任区的督学形式上，可以主要实行随访督导的做法，一般可以采取明察暗访、随机听课、查阅资料、座谈走访、问卷调查、列席会议等灵活多样的方式。督学对责任区内的幼儿园督导应该坚持常态化，每人每学期到幼儿园督导不能少于两次，在督导过程中应该做好记录，随时向县级教育部门反映情况。督学要针对督导工作中发现的问题提出整改建议，并通过一定的方式督促幼儿园针对问题进行改进和完善。督学还应该做定期的回访，以检查督导的效果。在每个学期，责任区的督学都应该提交一份该责任区的年度督导报告，对责任区内的学前教育工作进行客观公正的评价，并对今后的工作作出规划。

责任区内的幼儿园应该自觉地接受督学的检查和工作指导，在督导过程中保证如实地提供各项数据和资料，配合督学完成督导工作。对于督学提出的指导意见，幼儿园应该虚心接受，并及时地进行整改。作为督学责任区的县级教育负责部门应该保障督学经费的及时到位，设立专项经费，以开展督导工作。有条件的地区可以实施督学责任区奖惩制度，根据对督学责任区的督导工作量和业绩，进行奖励、表扬工作成绩突出的督学，而对于不认真履行职责的督学则可以取消其督学资格。有条件的地区可以推行教育“行政问责”制度。县级教育主管部门要实时掌握督学工作的进展，并采取相应的措施解决督导工作中遇到的问题，让督导工作落于实处。教育督导工作不能流于形式，而是必须在督导工作中发现学前教育中存在的问题并及时反馈，在政府对学前教育负有主要责任的制度下，督导工作应当侧重对学前教育的指导。专业的督导工作人员要在督导工作中对学前教育的各方面进行专业评估，并据此针对政策在执行过程中存在的误区和难点进行分析，提出相应的指导意见。只有这样，政府的宏观调控才能落实到微观的学前教育工作细节中，并实现调控的目的。

在督学责任区内，可以尝试建立督导评估制度，将地方教育部门的学前教育事业发展、学前教育质量、学前教育经费投入、幼儿教师待遇等列入督导评估内容，积极开展对乡村学前教育热点和难点问题的专项督导检查，以保障学前教育目标的顺利实现。有条件的地区还可以将教师学历合格率、劳动合同签订率、校车安全度、大班额数等作为幼儿园年度考核一票否决的指标，并将督导结果与幼儿园年审、等级评定、财政经费划拨等进行挂钩，以督导评估、促进乡村学前教育的发展。

由于乡村学前教育在国家学前教育中占有重要地位，所以，在乡村督学责任区制度建设中可以实行问责制度。通过强化这种督导问责制度，可以督促政府履行在乡村学前教育中的主导职责。另外，还可以尝试督导结果公示制度。督学责任区的督学在对责任区的幼儿园进行督导评估后，可以由教育部门将评估结果向社会公示，接受家长和社会的监督，形成有效的约束激励机制，从而完善对乡村学前教育的质量监管。

第四节　完善安全监管机制

近年来，校园安全已经成为全社会共同关心的问题，而幼儿教育的安全问题更引起了普遍的关注。学龄前儿童由于年龄小、自制力差，对各种危险的认识不足，缺乏社会经验，所以他们的安全问题显得更加重要。发展乡村学前教育必须建立相应的监管机制，而对幼儿园的安全监管则是最基本的问题，能够为学前教育建立起最起码的安全保障体系，让幼儿在一个相对安全、和谐、稳定的生活环境中长大。

一、公安部门的社会安全监管

幼儿园校园安全问题一直是备受关注的社会问题，校园安全隐患成为大家普遍关心的问题，公安机关也加大了安全监管力度，如在北京地区就探索从责任分担和警务社会化理念出发，采取一系列紧急应对措施，提高校园安全防范能力，加强校园周边地区社会治安秩序的维护，形成分工明确、内外联动、园警互动的

“安保模式”。对于乡村学前教育的发展来讲，完善安全监管机制才是最起码的保障，才能给幼儿创造一个良好的成长空间。

《中小学幼儿园安全管理办法》中对幼儿园的安全监管责任进行了明确的规定。公安部门应当对以下安全问题负责：第一，了解并掌握学校周边的治安情况，对学校的保卫工作进行指导；第二，对校园周边扰乱校园秩序的现象予以查处，对学校师生的人身安全和财产安全产生危害的案件要及时解决；第三，对学校的消防安全工作进行监督和指导；第四，协助学校解决突发事件。该办法对我国乡村学前教育监管机制的建立提供了相应的政策依据。公安机关要严格依照办法中规定的安全监管责任，落实安全监管工作。

作为乡村学前教育的责任主体，镇级政府应该统筹做好安全防范制度建设和防控队伍建设，统筹调度各个部门，特别是协调公安部门，从制度上将校园安保工作落到实处。乡村幼儿园要建立校园警务室，由公安部门派驻正规保安人员进驻校园。幼儿园要执行好门卫管理制度，对可能会对幼儿园安全产生危害的人或事在大门外就杜绝，并要严格执行晨检制度，对于有的孩子带来的尖锐物品要及时收缴；同时，要做好社会矛盾的处理、排查和化解工作，从源头上消除社会不稳定因素和安全隐患。建立以公安、派出所及社区和村镇为主线的问题人员排查体系，做到早发现、早预警、早防范，将人防、物防和技防结合起来，提升管理水平。

公安部门还应该将幼儿园周边环境的治理，作为校园安全监管的重要内容之一。周边环境治理主要涉及两个方面的问题，一个是社会治安问题，另一个是娱乐设施、餐饮服务和交通问题。社会治安是学校教育安全保障的大环境，如果任由其恶性发展，就有可能异化为社会“问题人”成长的温床，而“问题人”的造就可以说是教育失败的结果，会对教育产生不良影响。因此，强化社会治安尤为重要。公安局及其派出机构是社会治安的主要维护者，负有治理学校周边环境的责任，因而要严厉打击危害正常教育教学秩序的违法犯罪行为，开展基层走访活动，同时进行警民共建学校建设，共同创建和谐校园。作为地方基础组织，乡镇县级政府对一方的安全和治安应负有责任，要保一方平安，创一方净土。乡镇政府可以调动和发挥各相关部门在治理校园周边环境的积极性和创造性，共同维护学校的治安、安全和正常教学秩序。

镇级政府有必要加强对网吧、娱乐设施和交通问题的管理，网吧、娱乐设施位置的布局应远离校园，防范未成年人受不良风气的影响。对校园周边的餐饮摊位也要强化监管、定期检查，严禁无证经营，消除因外部因素产生的食品安全问题。在这一工作的实践当中，政府和学校要激发村社和学生家长的积极性，让他们主动参与学校周边环境的治安管理工作，共同建立和谐、安全的社会教育环境，为学校师生创造出有序的、和谐融洽的工作、生活和学习环境。

二、交通部门的交通安全监管

根据我国《校车安全管理条例》，县级以上地方政府应当对学生的上下学安全问题负责，通过一系列的措施减少学生上下学的安全风险。第一，政府要根据本地的行政区域中学生的数量和分布状况进行学校建设布局，调整学校规划，让学生能够就近入学，或者在寄宿制学校中学习，以此减少学生在上下学途中的风险。第二，政府要通过一定的政策和措施促进本地的公共交通发展，合理规划本地的公共交通布局，科学、合理地进行路线和站点设置，让学生能够通过公共交通方便安全地上下学。对于部分无法就近入学的学生，以及在公共交通无法满足学生上下学需要的地区生活的学生，政府应当通过一定的措施鼓励学校为这些学生提供校车接送服务。从职责划分的角度进行分析，县级以上地方县级政府要对本地的校车安全管理工作负主要责任和总揽责任，要组织相关部门根据当地的经济发展水平、学校教育规划和校车服务需求等实际情况制定相应的校车服务方案，并组织、领导、协调相关部门共同对校车安全进行管理和监督。教育部门、公安部门、交通部门和安全生产监督管理部门需要依照相关条例和政府的规定对校车的安全管理负责。此外，相关部门还要建立起校车安全管理信息共享机制，让各个部门协同合作，推进校车管理的科学化发展。交通管理部门应以国家的相关政策与法规为准绳，不断推进幼儿园交通安全监管机制的建立。

首先，应该强化政府责任，加强交通安全相关部门的协作。乡村幼儿园的交通安全监管应该由镇级政府具体负责，协调教育、公安交通和安全监管部门，合作构建“政府主导、市场运营、管理规范”的校车运营与管理机制。结合乡村学前教育的实际，由镇级政府制定实施针对幼儿园交通安全的相关政策。另外，一方面要总结成功的经验，进行推广，加强对各级幼儿园校车的交通安全管理，使安全的校车成为幼儿上下学的安全交通工具，杜绝安全隐患。另一方面要严厉打击非法营运的校车，形成由交通、工商等各部门联合组成的治理“黑校车”联动体系，从根源上刹住校园交通的不安全因素，还幼儿一个安全的交通环境。

其次，做好校车的安全监管工作。教育部门要在镇级政府的协调下，会同当地公安交管部门开展对校车的摸底排查工作，对所有的校车进行质量合格检测，对于驾驶人要进行资格审查，对校车行驶路线进行重点布控，建立起幼儿上下学的校车安全监管机制。特别是要根据新的道路交通法规的要求，对于不避让校车，特别是极易造成安全事故隐患的行为，要进行严肃查处，绝不姑息纵容，确保校车的绝对安全。对于有安全隐患的校车，应该立即整改，对于有违法行为的校车驾驶人则应该直接拉入“黑名单”，依法取消其校车驾驶资格。同时，要严格执行国务院下发的《校车安全管理条例》和新修订的《机动车驾驶证申领和使用规定》(公安部令第 123 号)、《机动车登记规定》(公安部令第 124 号)，严格查处校车违法事件。交通部门要根据校车安全的相关规定进行严格的安全监督工作，规范校车驾驶途中和上下车的相关行为，并向社会普及交通安全知识，以保障校车的道路安全。例如，校车在停靠让学生上下车时，要停靠在道路右侧，并开启危险警示闪光灯，并放置停车指示标志。当同方向只有一条机动车道的道路上行驶时，遇到前方有校车停靠，后方车辆应及时停车等待，不得超越校车。当车辆在同方向有两条以上机动车道的道路上行驶时，遇到前方有校车停靠，校车停靠的车道上的后方车辆以及相邻机动车道上的机动车应当及时停车等待，其他车道的车辆应当减速慢行通过。当遇到前方有校车停靠时，后方车辆不得鸣笛催促、也不得通过灯光催促，在校车安全监管工作上，要坚持“政府主导、完善法律法规、构建联动机制”，形成对校车交通安全的强大监管。

最后，要深入开展道路交通安全宣传教育。教育部门应该对幼儿园的师生进行深入的交通安全教育，可以采取图片、动画等灵活多样的形式进行宣讲，要使幼儿园的教师深刻领会交通安全的重要性，并在教学中自觉灌输给学生，以加强对儿童安全意识的教育和培养。通过安全宣讲，努力使儿童养成良好的交通安全行为习惯，也可以结合一些交通事故案例引起学生的觉醒，以“黑校车”的违法行为为警示，让儿童远离不安全校车。同时，交通部门还要加强对校车驾驶人的安全教育和管理，严格驾驶人考试制度。通过校车接送学生的学校应当在校车上配备照管人员，保障学生的乘车安全。学校要对照管人员和校车驾驶人员进行相应的安全教育，在驾驶校车启动之前，校车驾驶员应当对车辆的制动、转向、轮胎、座椅、安全带、安全门、外部照明等情况进行检查，保证其符合安全技术要求，如果车辆存在安全隐患，就不能上路。校车上的照管人员要对学生的安全负责，将照管工作落实到细节处。具体而言，照管人员要在学生上下车后清点学生人数，做到启动前最后上车，停靠后最后下车；负责指挥学生上下车，在车下引导学生上下车，维护秩序；在学生上车后，要帮助、指导其安全入座，及时系好安全带，在确认车门安全关闭之后再示意校车驾驶员启动校车；要监督校车驾驶员，如果发现驾驶员存在无校车驾驶资格、酒后驾驶、在身体严重不适情况下危险驾驶、超员驾驶等行为，则应及时制止；在校车驾驶途中，要制止学生离开座位，或者学生的其他危害驾驶安全的行为。

总之，交通安全关系着众多家庭的幸福，儿童的健康成长离不开安全的交通环境。所以，各方面应该共同积极努力，即幼儿园要加强交通安全教育，公安交通管理部门要努力营造安全的交通环境。

三、建设部门的设施安全监管

校舍安全是校园安全的焦点问题。我国部分乡村幼儿园在校舍环境方面存在安全隐患，因此，建设部门要切实落实对幼儿园设施的安全问题的监管。

建设部门要严格执行对幼儿园设施的监管规定，保证幼儿园的校舍、娱乐设施和教学设施达到安全标准。新建幼儿园校舍应该严格按照国家有关抗震、防震标准来进行项目设计。新建校舍的选址，应该符合城乡规划，选在交通方便、位置适中、地形开阔、阳光充足、空气新鲜、环境适宜、排水通畅、地势较高、场地干燥、地质条件较好、远离污染源的平坦地段，避开自然灾害频发地段及输气输油管道、高压走廊、大型变压器、生产、经营、储存有毒有害危险品、易燃易爆危险品场所和其他有关工程建设标准规定的危险地段。凡是在市、镇、办事处规划区内的校舍，建设单位要依法取得建设用地规划许可证和建设工程规划许可证。在村庄规划区内新建的校舍，建设单位要依法取得乡村建设规划许可证。因选址不当造成安全事故的，要追究相关人员责任。

同时，要加强对工程实施的监督管理，建设部门应该经常检查工程项目的质量，及时发现存在的问题和安全隐患，杜绝一切可能发生的危险因素。对于幼儿园校舍的建设必须坚持先勘察、后设计、再施工的原则，严禁边勘察、边设计、边施工，勘察设计必须委托具备相应资质的单位进行。勘察单位提供的地质、测量和水文等勘察成果必须真实、准确。设计单位应当根据勘察成果文件进行建设工程设计。幼儿园校舍的工程设计必须遵循一定的原则，建筑设施要安全，功能要齐全，能满足师生的教学和休息需求，就地取材，设计要美观大方。因此，幼儿园校舍工程设计要严格按照国家对校舍建设的要求标准，并结合当地的地理特色、经济发展水平、气候特征、生活习惯和传统习俗等因素进行设计。校舍的承建单位要将校舍的施工设计，以及相关文件递交给建设部门进行施工图审查，在取得齐全的施工许可，办理相关的工程质量安全监督手续之后才能进行施工。在施工过程中，施工单位要严格遵照国家的相关施工规范、操作规程、施工质量标准和工地安全规则进行，在施工过程中要严格根据通过审查的施工图设计文件和相应的施工技术标准进行施工，未经允许不得擅自修改施工图设计，施工过程不得偷工减料，在施工过程中如果发现设计文件与图纸之间存在差错，要及时提出修改的意见和建议。

有关幼儿园校舍施工安全也是建设部门应该进行监管的内容。校舍新建工程要制定严格的安全施工方案。如果在既有校园内施工，则要严格隔离施工区与教学区，实行工程施工封闭管理，塔吊吊臂旋转范围须限制在施工场区内。施工单位要根据幼儿园师生活动范围，特别是针对儿童活动的特点，搭设防护通道，合理设置警示标志、绕行标志等，提示和引导避让危险，确保在校师生和施工人员的人身安全。在校舍新建项目的建设过程中，建设部门应当监督项目的监理单位，派驻具备相应资格的监理工程师团队入驻施工现场，并对项目施工过程进行监理。监理工程师必须按照工程监理规范的要求，采取旁站、巡视和平行检验等各种形式，对建设工程实施监理。自建设项目开工之日起，工程监理人员应保证每天在工地，按照国家有关施工现场监理的规定，严格检查入场建筑材料质量和施工工序、方法、工艺、进度、质量等各个环节，详细记录监理日志，杜绝不符合设计要求或不符合质量标准的材料进入工地。如果在施工过程中发现重大质量安全问题必须依法及时报告，则建设部门应该作出相应的处理措施。同时，建设单位应当对校舍安全工程档案进行全面质量控制，形成全面监管。

许多乡村民办幼儿园由于缺少资金支持和长期规划，选择使用自住房或者租用他人的住房或店铺，经过简单改装之后用作幼儿的教室和休息室。这种校舍多是不符合办园需求的，存在许多环境和安全问题，如房屋采光和通风条件差，空气流通不畅，容易滋生细菌，造成疾病传染和流行。此外，许多乡村民办幼儿园的设施破旧，不符合规范，例如，桌椅和床铺的高度、大小等不符合幼儿的身高，且容易对幼儿的身体产生伤害。使用民房住宅改建而成的校舍的幼儿园中缺少活动室、儿童厕所、保健室、办公室、盥洗室和厨房食堂等区域，甚至有的幼儿园园舍没有围墙或者栅栏，学生的活动范围较小，幼儿没有活动空间，容易产生碰撞伤害，因此存在许多安全问题。许多乡村幼儿园没有室外活动场地，或者活动场地为水泥地面，幼儿在室外活动的过程中缺少相关保护措施，容易造成磕碰和跌伤。由此可见，农村民办幼儿园的硬件设施建设上存在许多安全隐患。建设部门应当对此进行整改，让民办幼儿园符合相应的建设标准，减少校舍中存在的安全问题。

对于乡村幼儿园中存在的教学设备超期服役和教学危房问题，建设部门应该进行监督治理，确保排除园舍安全隐患。建设部门应该定期对幼儿园的园舍设施进行安全隐患排查，对于发现的问题要及时指出，并要求幼儿园拿出整改方案，监督进行改造，以确保安全。

幼儿园校舍建筑和园内的燃气、电力设备等的安全问题也需要建设部门对其进行监管，如果在校园中发现安全事故隐患，则应当责令并监督其进行整改，排除安全隐患。建设部门还要定期进行回访，保证幼儿园校舍的安全。对于幼儿园校舍建设，建设部门也要加强对其整体的监管，如果发现校舍或者其他设施有违反工程建设标准的情况，则应当责令其整改，对于校园的燃气线路和电气线路老化问题应当尤为重视，幼儿园负责人要及时换新，消除安全隐患。

另外，个别乡村地区的幼儿园，应该结合当地的实际情况，避免因自然或气候因素带来的安全隐患。比如，对于台风和海啸常发的沿海地区，建设部门应该指导幼儿园进行相关的防灾预案设计，加强校舍的安全。建设部门还可以利用板报、宣传栏和广播等各种形式的灾害预防知识宣传活动，加强对幼儿园防洪水、防台风、防雷电、防火灾、防房屋坍塌等应急防灾预警演练，将安全意识落到实处。

四、卫生部门的食品安全监管

虽然学校食品卫生安全总体状况良好，但仍存有问题和隐患，主要反映在食堂采购食品索证率偏低、校周边小餐饮店卫生设施不达要求、小卖部出售的食品标识不符合要求。而对于广大农村幼儿园来讲，食品安全的问题可能会更多，因此，由卫生部门加强对乡村幼儿园的食品安全监管势在必行。

一部分乡村民办幼儿园的卫生防疫工作不到位。学生饮食所用的口杯和餐具随意摆放，消毒工作不到位，甚至许多幼儿园没有专业的消毒设备，这就导致幼儿在饮食过程中容易传染疾病。幼儿使用的寝具缺少定期的清洗和晾晒，因此经常处于脏乱和潮湿的状态中，不利于幼儿休息质量的保障，同时也不利于幼儿的健康发育。许多校舍面积较小，空气流通不畅，导致园内空气质量不佳，容易滋生细菌和导致病毒传播。厨房卫生也是一个大问题，一部分乡村民办幼儿园不具备合格的厨房设施条件，幼儿的饮食搭配也不够合理，大多数情况下，幼儿和教师都是一起吃大锅饭，饭菜的营养和卫生都无法保障，无法为幼儿身体发育提供科学全面的营养。由此可见，卫生部门要加强对乡村幼儿园的卫生条件的监管，以给幼儿园的师生提供安全的卫生环境。

在幼儿园食品安全监管方面，应该充分发挥卫生部门的专业优势，由其进行专业方面的监督，同时，作为乡村学前教育责任主体的镇级政府也应该协调教育、工商等部门联合行动，共同形成校园食品安全的联动监管机制。在校园的公共饮水方面，可以由镇级政府负责，实行目标责任制，加强饮水安全的监管。校园餐厅可以根据各地实际情况，实行政府招标与幼儿园积极参与，政府卫生部门监管与学校管理有机结合的形式，共同保障学校的食品安全，坚决避免学校公共食品安全事故的发生。

卫生部门也对幼儿园的安全工作负有重要责任，具体工作包括以下内容：第一，对幼儿园的卫生防疫和保健工作进行监督和指导，让疾病预防措施落到实处；第二，对幼儿园的饮食卫生进行检查和监督，检查食堂、饮用水的安全和卫生情况；第三，加强对幼儿园相关人员的安全教育知识普及，把控学校食堂的食材采购渠道，加强对学校饮食安全的管理和监督；第四，督促学校食堂工作人员定期进行体检，持健康证上岗，并对其进行卫生培训，规范烹饪方法，加强烹饪过程的卫生管理。

此外，幼儿园周边的食品安全问题也需要卫生部门时刻注意，并对其进行监管。社会上一些食品经营者往往为了利润而放弃食品安全，例如，进货渠道不正规，使用过期食品、假冒食品、低质食品等进行加工售卖，食品安全难以保障。这些食品经营者缺乏相关法律意识和卫生安全意识，在食品经营过程中不遵守相关的卫生管理规定。部分食品经营者的采购和经营环节都不合规定，缺少查验环节和台账设置，对于不合格的食品和食材缺乏相应的处理方法，从而导致许多劣质食品被销售。这些食品售卖摊位或者店铺在幼儿园旁边开设会吸引部分幼儿购买食用，对幼儿的健康发育产生不良影响。因此，卫生部门和工商部门应当联合起来，进入幼儿园中开展相关的卫生安全知识普及和维权宣传，在校园中设立食品安全信息公示栏，提高乡村幼儿的食品安全意识，让他们学会保护自已，不购买和食用不卫生的食物。对于在幼儿园附近开设的食品经营者应当进行逐个排查，检查其营业相关证件和经营场地的卫生和安全是否合规。对于已经登记的经营者要进一步加强对其检查，使其更加符合相关经营规范。对于经营证件出现问题的经营者应当进行严厉的处罚，并要求其根据相关规定进行改正。校园周边的食品经营者应当是卫生部门的重点监督对象，卫生部门要建立相应的巡查制度，通过定期巡检和不定期巡检的形式分区域对校园周围的食品经营者进行监督，并将工作落实到具体负责人员，加大巡查力度，严格管控幼儿园附近的食品经营行为。

幼儿园的食品安全卫生问题是值得社会各界重视的问题，卫生部门的监管只是其中的一部分，幼儿园及相关职能部门要进行通力合作，形成监管合力，共同维护幼儿园的食品安全。幼儿园负责幼儿食品安全的日常监督，园长是园内幼儿食品安全的首要负责人，可以组建食品安全领导小组，对园内和校园附近的食品安全进行监督，对不符合卫生规定的经营者要及时进行举报，让相关部门对其进行管理和处罚。幼儿园附近的食品经营者也要进行自查和互查。食品安全问题不仅关系到食品经营行业的自身发展，更关系到每家每户的幼儿的食品卫生和安全问题，因此，食品经营者要树立正确的经营理念，诚信经营、合法经营。卫生部门则需与教育部门、工商部门等各职能部门进行联合，共同筑建起食品安全的防火墙，在幼儿园附近推进放心食品店建设工作，加强对校园周边食品消费环境的整改，强化幼儿的食品安全意识和经营者诚信经营、卫生经营的意识。对幼儿园内部的食品商店要定期进行检查，控制食品经营的进货渠道，从源头保证食品安全。校园内的店铺应当建立统一进货和配送机制，对食品的进货源头进行跟踪和监管。饮用水安全问题也需要相关部门进行监管，对于不合格的饮用水供应商要进行相应的处罚。此外，要加强信息共享机制建设，卫生、工商和质监部门的监管数据要进行共享，方便各部门分工合作，提高监管的质量和效率，彻底消除幼儿园内的食品安全问题。对于乡村学前教育的发展而言，食品安全问题是重要的工作，只有各部门通力合作，从多个方面、运用多种方法、相互配合才能为幼儿创造一个安全的食品环境。

总之，校园安全无小事，只有加强各部门的相互协调配合，才能营造一个安全、和谐的幼儿园环境，才能真正促进乡村学前教育的健康发展。镇级政府作为乡村学前教育的主要责任主体，应当总揽学前教育机构的安全工作，树立安全第一的发展意识。政府和各教育部门要建立起完善的规章制度体系，并将其落到实处，切实保障幼儿园师生的安全。镇级政府安全监管部门每年都要对幼儿园安全工作进行定期检查督导，并结合不定期的抽查，强化安全工作的落实。镇级交通、安监、消防、公安和卫生等部门，要加强幼儿园的安全检查督导工作，做好影响校园安全的社会因素的排除工作。此外，镇级政府也要采取相应的预防措施，对幼儿园的校舍和相关设施进行检查和监督，消除校园中的危房、不合规设施等问题；对幼儿园及周边的食品经营进行检查和监督，杜绝幼儿的食品中毒隐患；加强交通管理，保障幼儿的上下学安全；加强安全意识教育，对校园环境进行严格检查，防止幼儿溺水事故的发生。只有这样，才能确保学龄前儿童在乡村幼儿园中拥有安全的学习环境，才能为他们创造一个安全的成长空间。只有每个儿童都能享受到安全、快乐的童年，并在幼儿教育的关怀下健康地成长，乡村学前教育才能真正取得长远的进步和发展。

第六章　乡村学前教育改革发展路径研究

本章主要内容为乡村学前教育改革发展路径研究，分别论述了加强乡村学前教育教师队伍建设、加强乡村学前教育特色课程建设，加强乡村学前教育的政府主导作用以及推动乡村学前教育的高质量发展。

第一节　加强乡村学前教育教师队伍建设

办好学前教育是发展基础教育的前提，学前教育的质量能影响整个国家国民素质的提升。教育公平的实现也必须依赖于乡村学前教育的发展。乡村学前教育的质量提升不仅是提高乡村基础教育、促进乡村人口素质上升的前提，也是乡村经济和社会和谐发展、建设社会主义新农村的必要条件，随着新时代的到来，乡村教育也应当发挥自身的优势，为乡村培养更多的新人才、提高乡村的文化底蕴、为乡村建设营造新的道德风尚。① 国家十分重视乡村教师培养、发展的政策优惠和条件支撑，曾多次将其提升到战略高度。随着我国经济的迅速发展以及乡村对义务教育制度的贯彻实施，乡村教育已经取得了一定的成效，但是，相较于城市而言，乡村教育发展依然十分薄弱，乡村教育工作者依然缺乏专业性。总的来说，城乡教育发展依然存在极大的不平衡，在新时代，乡村教师队伍的建设水平亟待提升。

一、教师在学前教育发展中的作用

建设社会主义新农村是党在现阶段的重大决策，学前教育是新农村建设的基础工程。作为基础教育的重要组成部分，学前教育也是终身教育体系的奠基工程。农村学前教育越来越受到人们的关注和重视。幼儿园教师在学前教育活动中扮演

① 李涛，白雪蕾，杨桐彤，等．如何让更多乡村“大先生”扎根泥土、助力振兴［N］．光明日报，2021-07-22（7）．

着重要的角色，发挥着关键性的作用。为了提高乡村学前教育的质量，就必须对学前师资队伍建设给予更多关怀。

幼儿园教师是指在学前教育机构中，对学龄前儿童进行教育的主要工作人员，是指受社会委托向学前儿童身心发展施加教育影响，并从事保育和教育的工作者。幼儿园教师在学前儿童发展中担当的角色有工程师、养护者、指导者、支持者、中介者和研究者等。通过这些角色的担当，从而对学龄前儿童的心理状态、认知能力、情感行为等产生重要影响。

（一）幼儿园教师在乡村学前教育活动中的角色

角色是指个体在特定的社会环境中的身份定位，以及由此而规定的各种行为规范和行为模式的总和。在各种社会群体中，教师具有特殊的身份，扮演了一定的角色。那么，依此概念表述延伸出去，幼儿园教师的角色具体包括哪些含义呢？幼儿园教师是指教师在学前教育活动中所处的地位和所具有的身份，具有社会角色的基本特征。

1. 幼儿园教师是学龄前儿童的心灵工程师

幼儿园教师与其他教师一样，其基本职责具有共通性，那便是育人。他们既要开启学龄前儿童的心智，还要培育他们健康的心灵。所谓幼儿园教师是学龄前儿童的心灵工程师，主要是指两个方面的内容：一是教师对教育目的的正确理解和运用。教师要站在培养学龄前儿童“各方面均衡发展”的高度，在向其传授初步知识的同时，注重对于其道德品质的培育和思想修养的培育。教师还要结合学龄前儿童的群体性特征，充分利用各种有利的教育积极因素，向他们进行全面的教育，使学龄前儿童成为具有一定知识、能力、道德修养、身心健康、和谐发展的新人。二是学龄前儿童道德品质形成的特点。学龄前儿童由于受年龄的限制，思维水平有限，还难于掌握抽象的道德概念和说教，对道德标准的理解是与具体的人和事是联系在一起的，是在模仿成人和执行成人要求和评价下逐渐发展起来的。因此，幼儿园教师更应发挥自己为人师表的表率作用，以此来感染、带动和熏陶学龄前儿童，并以潜移默化的教育机制和教学艺术使他们养成良好的行为和习惯。

2. 幼儿园教师是学龄前儿童的成长养护者

学龄前儿童是发展中的个体，其早期发展水平较低，自主学习能力较弱，在情绪情感上具有很强的依恋心理，这种早期的依恋心理要求幼儿园教师不只是一位教学工作者，还是一位养护者。“养护”不仅是指对学龄前儿童的照料，还包含着对其良好的情绪情感状态、健康人格、个性品质、社会性品质与行为等多方面的心理发展予以积极的关注和呵护。作为养护者，教师要给儿童鼓励、支持、宽容、理解和尊重。养护者具体体现在两个方面：第一，幼儿园教师是学龄前儿童权利的保障者。儿童具有主动活动、学习与发展的能力，其发展过程是他们的“内在潜力”得以不断展示的过程。因而，教育的首要任务是激发和促进儿童“内在潜力”的发展，并使儿童按其自身规律自然和自主的发展。幼儿园教师应努力成为学龄前儿童权利实现的保障者。第二，幼儿园教师为学龄前儿童的发展创设适宜的气氛和环境。幼儿园教师的职责是给学龄前儿童提供适宜的“有准备的环境”，包括物质环境，如创造有规律、有秩序的生活环境，提供有吸引力的、美的、适用的设备和用具等；也包括精神环境，如允许儿童独立活动和自然表现，丰富儿童的生活体验，促进儿童智力的发展，培养儿童的社会性行为。

3. 幼儿园教师是促进学龄前儿童的发展指导者

在教育过程中，幼儿园教师的指导作用是与学龄前儿童的主动性相结合的。这是因为学龄前儿童的发展是在其内部进行的，他们需要动员自身的力量主动发展；他们有自己的意愿和需要，并按自己现实的基础、水平和速度主动发展，而不是被动地接受外界影响。外界的各种因素必须通过内部的接纳、消化而起作用，内部因素是学龄前儿童发展的依据。学龄前儿童的发展，实际上正是这种内部因素和外部因素相互转化、相互作用的结果。因此，在教育过程中，教师应尊重学龄前儿童的意愿和现有的发展水平，通过创设环境、采用适当的教育方法，充分调动其主动性、积极性，并在此基础上实现幼儿园教师的指导作用。教师扮演的“指导者”角色，具体表现为：一是引导。对学龄前儿童遇到的障碍和不解，幼儿园教师应引导他们找到最佳的解决办法。二是指导。指导学龄前儿童形成良好的生活习惯、卫生习惯等。三是诱导。创设丰富的教学情境，激发学龄前儿童的动机、兴趣，充分调动其积极性。四是教导。教导学龄前儿童养成高尚的道德、完善的人格、健康的心理等优秀品质。

4. 幼儿园教师是学龄前儿童的学习支持者

幼儿园教师对学龄前儿童学习的支持体现在鼓励其掌握科学的学习方法，应学会思考、学会求知、学会探索、学会创新等。具体表现在两个方面：一是支持学龄前儿童独立自主的学习。幼儿园教师需要给儿童的独立自主学习以更多的支持。二是支持学龄前儿童合作学习。在传统课堂中，儿童绝大部分的学习都是“独自”学习，学习只被视为学龄前儿童个体的一种活动，这种学习是一种“孤独式”学习。而在现代教育中，教师应更多鼓励儿童结成学习合作小组，围绕某一具体的教育教学任务而展开合作、交流、研讨，这将能激发孩子的学习兴趣和愿望，也会促进孩子的团体意识和合作研究能力的发展。

5. 幼儿园教师是沟通学龄前儿童与社会的中介者

学龄前儿童对社会的认识，对社会规范、要求的掌握，以及他们的社会性行为和品质的形成与发展都离不开幼儿园教师的指导。幼儿园教师是沟通学龄前儿童与社会的中介者，是儿童接触、了解社会、开阔视界、走向社会生活的重要引路人。学龄前儿童对社会的认知、态度和情感体验都是在与教师的交往中完成的。幼儿园教育活动的大部分内容都应与学龄前儿童的社会生活相联系，如“我和小伙伴”“团结合作力量大”等主题活动；走向社会、体验社会生活的活动，如超市购物、参观商场、环境保护等。这些活动都是在幼儿园教师的引导下开展的。幼儿园教师还要为学龄前儿童提供各种与社会生活相关的教育活动，如国庆节、中秋节、教师节、母亲节、父亲节、儿童节等，这些活动都可以培养他们良好的情绪情感、交往态度、能力和行为，如同情心、爱心、责任心、自制力和规则意识等。

6. 幼儿园教师是学龄前儿童的教育研究者

对幼儿园教师而言，研究者应使他们成为幼儿教学研究的反思者，或者是反思型的研究者。教师的研究更多地体现在他能对自己的教育教学实践活动进行科学、理性的反思。教师的反思性研究主要表现在三个层次上：一是反思课堂教育教学情境中各种技能和技术的有效性；二是针对课堂实践中的问题，把教育理论应用于教育实践，以便做出决策；三是针对课堂中的师生关系、人际交往等方面，反思幼儿教育实践中的价值、伦理道德等问题。

（二）幼儿园教师对学龄前儿童发展的影响

1. 心理方面的影响

幼儿园教师对学龄前儿童心理的影响，根据效果划分为积极影响和消极影响两个方面。幼儿园教师如果对学龄前儿童的表现持关注、支持和认可的态度，并给予其积极的响应，就能够激起学龄前儿童更强的表达愿望，能够使他们更想说、更爱说，当然也就能够更乐说、更能说、更会说。反之，如果幼儿园教师对学龄前儿童持不闻不问、否认、缄默的消极态度，则会大大影响他们表达的积极性和主动性。尤其是对语言能力较弱和性格较内向的儿童，幼儿园教师如果很少回应，久而久之，这些儿童就会产生消极的自我意识，渐渐地对语言表达失去兴趣，变得不想说、不爱说、不会说，这在一定程度上阻碍学龄前儿童的心理健康发展。幼儿园教师的冷落和忽略有时会造成某些儿童胆小、孤僻、自闭，不愿意与教师、小朋友接触，他们常常畏缩、退避在后，独处或独自游戏，不敢主动要求参与其他小朋友的小组或集体游戏活动等。

2. 情感方面的影响

幼儿园教师能够起到稳定学龄前儿童情绪、激发其积极情感的作用，并能够为他们的情绪情感发展提供较好的心理背景。通常，幼儿园教师不经意的一句赞扬可能使儿童在以后表现得更好。幼儿园教师给学龄前儿童适当的赞扬、鼓励、肯定和安慰，会使儿童感受到被尊重关爱、被理解和接纳而产生被重视感和安全感。反之，则会影响儿童的自尊、自信，容易使他们产生抵触情绪，不利于他们情绪、情感的正常发展，在某种程度上也影响了学龄前儿童与教师之间的和谐关系。

3. 认知能力方面的影响

学龄前儿童的认知发展水平直接决定着儿童自我观念的发展水平，他们认知能力的发展处于具体形象思维发展阶段。好奇、好问是儿童的天性，是他们学习动机产生的源泉，也是他们获得良好学习效果的保证，所以，保持学龄前儿童的好奇心，激发他们学习和探索的兴趣是幼儿园教师的职责之一。除了学习资料、学习环境等客观因素能够影响学龄前儿童的认知能力以外，幼儿园教师是另外一个重要的影响因素。幼儿园教师不仅可以减轻学龄前儿童的认知负担，提高他们的学习效率，而且还能够使他们对学习产生浓厚的兴趣和积极的学习动机，以及激发他们自我成长的动机。幼儿园教师对于学龄前儿童来说至关重要，其有助于儿童认知能力的发展；反之，则会遏制学龄前儿童的求知欲和积极性，影响学龄前儿童现在乃至今后的认知能力的发展。

4. 行为方面的影响

学龄前儿童良好行为规范的形成在一定程度上也受幼儿园教师的影响。他们尚不能在思维和语言水平上直接理解道德，而只是在感觉和行动上理解道德。因此，幼儿园教师对学龄前儿童的行为规范的养成不是通过说教产生影响的，而是通过教师暗示潜移默化发生作用的。学龄前儿童的行为具有一定的波动性，难以保持，已产生的某种道德行为还需要经过多次和不同形式的正向强化，才能逐渐成为他们的一种自觉行为。幼儿园教师及时的表杨、鼓励、奖励对学龄前儿童良好的行为表现会起到加强和促进的作用；及时的、恰当的批评、否定等也会在一定程度上减弱、消除学龄前儿童的不良行为。

二、乡村学前教育师资队伍建设的重要性

（一）促进教育公平

在如今的城乡教育发展中，农村学校正在加快前进脚步、奋力追赶，教育质量也在不断提升，但与城市学校相比，仍存在较大差距。在城乡教育师资团队的建设方面表现得尤为突出，城市各类学校中高年级以上学历的专科教师相对偏多，教师的知识和专业化技术水平也相对较高，师资团队的组织架构已经做到了合理分配。不仅如此，城市各类学校也具备先进的专科教学技术水平、课程设计和方法以及其他的教学观点。而在一些乡镇，教师的人力和资源相当短缺，优秀教师更是寥寥无几，在比较偏远、落后的一些乡镇和地区，“教非所学”现象是普遍存在的，一个教师可能会管理几个班级，甚至会同时指导和讲授不同类型的课程，

尤其是像音乐、科学这类兴趣课程，教师的专业化程度不高，学校的师资供给不足，导致乡村学生受教育的机会变少。

由此可见，一支强有力的乡村学前教育教师队伍的建设对促进教育公平具有十分的重要性。

（二）推动乡村振兴

1. 做乡村教育的明灯

教书育人一直都是每位教师的重要任务和使命，教育所需要肩负和承载的社会责任便是促进中华民族繁荣稳定和发展。教师就是一个促进学生知识启蒙、育德修身、为人处世的优秀先生；是一个能够引领广大学生正确认识自己、认识现实社会、规划自己未来人生的导师；是一个能够引导学生掌握科学知识、练就自身本领的优秀先锋。俗话说：扶贫先扶智。良好的文化教育是乡村走出迷惘的一盏明灯，照亮了通往未来的道路，而一位优秀乡村教师的信念和坚守，甚至会改变几代人的生活和命运。

2. 做乡村文明的引路人

近年来，各地乡村建设工作井然有序地进行，农村生活环境与人们的居住条件在不断提高。但精神上的贫穷、落后的思想观念和陈规陋习等不同程度地存在着，这不仅抑制了乡村文化的发展，也阻碍着乡村振兴的步伐。乡风文明是乡村振兴最基本、最重要的精神力量，“加强农村思想道德建设”“传承发展提升农村优秀传统文化”成为乡村发展战略的重中之重。乡村教师在乡村教育体系中是文化改造的责任人，他们直接面向乡土文化生活与未来乡土的建构者，是乡村文明建设的引路人。[①] 在“上所施，下所效”的逻辑中，文化传承亦是“教”的题中之义。乡村教育的核心是人力资源的累积，培养未来服务乡土的人才，教师显然不能在陈词滥调里反复。那么，让孩子从“认识脚下的土地”开始慢慢累积，进而形成文化心理上的身份认同，必定会为乡村教育迈出重要的一步。

---

① 唐智松，高娅妮，王丽娟. 乡村教师如何助力乡村振兴——基于职业作用的调查与思考［J］. 现代远程教育研究，2020，32（3）：69-80

三、建设乡村学前教育师资队伍的重要意义

振兴民族的希望在教育，振兴教育的希望在教师。学前教育是学校教育制度的基本阶段，是各级各类教育的奠基工程。乡村学前教育是整个学前教育事业的重要组成部分，加快乡村学前教育发展，不仅可以促进乡村儿童特别是乡村留守儿童身心健康发展，开发儿童的发展潜力，提高乡村义务教育的办学水平，缩小城乡教育差距，推进教育均衡发展和教育公平，还对提高乡村人口素质、解放乡村生产力、推动社会主义新农村建设、促进城乡协调发展、构建和谐社会具有十分重要的作用。

社会经济的发展和人们生活水平的提高，使广大乡村对学前教育的需求急剧增加。改革开放、新农村建设、各项惠农政策的实施，使广大农民的生活水平日益提高。“仓廪实而知礼节，衣食足而知荣辱”，逐渐走上富裕路的农民把目光投向了教育投资，“从娃娃抓起”的观念深入人心。社会的发展、家庭组织结构的变化和妇女所扮演的社会角色的改变，需要有相应的学前教育机构担当起照顾和教育学前儿童的责任。我们在对乡村幼儿园进行调研时，随机对家长（父辈或祖辈）进行访谈，他们普遍认识到了学前教育的重要性，都表示应该而且也愿意把自己的孩子送到幼儿园接受学前教育。

学前教育是人生发展的奠基性教育，是基础教育的基础，是终身教育的开端，是国民教育体系的重要组成部分，对于促进个体早期的身心全面健康发展，巩固和提高义务教育的质量和效益，提升国民素质，缩小城乡差距，促进教育和社会公平具有重要作用。我国是农业大国，农村人口占比巨大，因此，乡村学前教育的发展对我国学前教育的发展至关重要。在教育发展中，物的条件是一个重要方面，而人的因素却起着决定性的作用。乡村学前教育能否发展，学校硬件条件固然重要，作为软实力的师资力量的发展更为重要。

乡村学前教育事业的发展需要大量合格的师资。在新时代，我国的学前教育特别是乡村学前教育得到空前重视。《国家中长期教育改革和发展规划纲要（2010—2020年）》提到，要“基本普及学前教育。学前教育对幼儿习惯养成、智力开发和身心健康具有重要意义。遵循幼儿身心发展规律，坚持科学的保教方法，

保障幼儿快乐健康成长。积极发展学前教育，到2020年，全面普及学前一年教育，基本普及学前两年教育，有条件的地区普及学前三年教育。重视0～3岁婴幼儿教育。”“明确政府职责。把发展学前教育纳入城镇、新农村建设规划。”“重点发展农村学前教育。努力提高农村学前教育普及程度。多种形式扩大农村学前教育资源，新建扩建托幼机构。”这些政策的制定和实施必将极大地促进乡村学前教育事业的发展，也充分说明了学前教育及其师资队伍建设的重要意义。

学前教育是基础教育的有机组成部分，是终身学习的开端，既为幼儿升入小学做准备，也为九年义务教育的实施奠定基础，学前教育的实施效果关系到人口素质的提高和民族兴衰。目前，我国学前教育正处于体制转型期，从原来提倡的办园体制社会化改革、社会力量办园过渡到政府主导、社会参与、公办民办并举的办园体制，幼儿园办园水平面临提升。学前教育是否能够健康发展，关键在于能否拥有一支合格的教师队伍。教师素质是幼儿教育能否取得良好效果的关键因素，也是提高学前教育质量的核心。加强乡村学前教育师资队伍建设，提高师资质量，关系到乡村学前教育的发展，是提高乡村人口素质、促进乡村经济社会协调发展的重要途径，是推进城乡教育均衡发展、维护教育公平和社会公正的重要举措，也是落实科学发展观、建设社会主义和谐新农村的重要保证。

四、坚持乡村学前教育师资队伍建设的科学原则

乡村学前教育师资队伍的建设是一个长期的系统过程，在乡村学前教育师资队伍建设中，必须重视和坚持基本原则，进行通盘考虑，做好长远打算，以利于乡村学前教育师资队伍的建设和管理健康、持续和稳定地向前发展。概括而言，当前乡村学前教育师资队伍建设应坚持的基本原则有以下几点。

（一）需求预测原则

教育效果的滞后性决定了教师的培养总是要落后于社会的发展，所以，对教师的培养要根据现实状况和未来发展的需要来进行，也就是要遵循需求预测原则。所谓需求预测原则，就是指在进行乡村学前教育师资队伍建设过程中，必须对乡村学生数量、生源高峰、师生比、专任教师与非专任教师比、教师的周工作量、

学生的周课时数、班容量大小、人口地域分布、当地经济发展水平、教师年龄结构和知识结构、教师自然减员率等因素加以综合考虑，并建立动态的预测模型，对所要培养教师的数量、质量和规格加以科学的预测。现在正在师范学院学习的学生在数年后才能走上工作岗位，而当今的社会变化很快，只有超前培养才有可能满足教育的需要、社会的需要和学生发展的需要。如何科学地预测需求教师的数量、质量和学科结构，也是当今我国乡村学前教育师资队伍建设必须重视的一个重要问题。

（二）结构优化原则

所谓结构优化原则，是指在乡村学前教育师资队伍建设过程中必须重视各个要素与整体结构，以及诸多要素间的比例合理、协调统一。只有这样，教育质量和效果才能得到保障。如果教师队伍结构失衡，必然会给教育带来诸多问题。优化乡村学前教育师资队伍应该考虑的要素和结构有：一是年龄结构，要求乡村学前教育师资队伍内部老、中、青三代应该有适当的比例。我国教育界明显存在老年、青年教师偏多的现象，特别是在乡村中、小学更为突出。这虽然与某一特定历史时期有一定的关联，但却是我们在优化教师年龄结构中值得注意的问题。二是性别结构，教师队伍中男女比例要适当。三是学科结构，在乡村学前教育师资队伍建设中应重视学科间的互补，不应把专业划分得过窄、过细。四是学历结构，乡村教师整体的学历结构要有一个科学的比例，既要适当提高学历，又不能一味地追求高学历，还应该吸纳不同院校的毕业生加入乡村学前教育师资队伍。此外，知识结构、能力结构、专任教师与非专任教师比、生师比与生员比等，都是应该考虑的问题。只有坚持结构优化原则，我国乡村学前教育师资队伍的建设才能最大限度地发挥效力，促进我国乡村教育事业的长足发展。

（三）工作满意原则

所谓工作满意，是指乡村学前教育师资队伍对其所从事的工作的认同。在一般情况下，人们对自己的职业要有足够的满意度和认同感，才能顺利地进行工作。否则，人们要么会辞职，要么会在工作中表现出消极怠工。我国现在对此研究的还不是很多。一般来说，国外对教师工作满意感影响因素的研究主要集中在性别、年龄、行业、工种、婚姻状况、组织规模、组织气氛、领导行为、职业声望、工作压力、人格特质等环境和心理因素上。因此，在乡村学前教育师资队伍建设的过程中，要积极采取措施，充分运用晋升、赏识、工作成就、荣誉等“激励因素”和工作福利、身份保障、管理监督等“保健因素”，促使乡村教师在工作中形成职业满意感，保证乡村教师的专业成长，从而充分调动他们工作的积极性、主动性和创造性。

（四）优胜劣汰原则

在选用乡村中小学教师时，要以人才的德行、才能、业绩作为选聘的条件，而不是论资排辈或按亲疏关系等其他因素作为选聘和任职依据。长期以来，我国乡村中小学的管理机制不健全，在对教师的任用和评价中存在着任人唯亲、论资排辈等一些不良现象，使得乡村学前教育师资队伍的素质良莠不齐，也打击了很多乡村教育工作者的积极性。所以，各级教育主管部门要制定科学、公正的聘用和评价指标，使那些思想素质高、工作能力强、业务素质好的人才得到任用，并享受较高的待遇，反之则遭到劣汰。只有这样，才可以激励先进、惩戒落后，从而使乡村学前教育师资队伍保持较高的素质和较强的活力。

（五）本土化原则

对乡村教师的培养和选用要考虑乡村教师的“乡土性”。特别是在选择和培养经济欠发达地区的乡村教师时，要优先考虑那些出生在乡村、热爱乡村教育事业的人。教师只有熟悉乡村学生的精神世界，体会他们的思想和情感，才能激发出乡村学生对教师和教育的认同感，乡村教育的质量才能得到保障。也只有乡村教师来源本土化，才能相对有效地保持乡村学前教育师资队伍的稳定。苏联教育家苏霍姆林斯基认为，一个人只要具备当一名乡村教师的基础和条件，具备一种求知的精神，不管是否受过师范教育，都可以选择，然后由学校集体对他们进行培养和指导。正因为教师来源的本土化，他所任教的帕夫雷什中学的教师队伍不仅非常稳定，而且教师们都有对学生的挚爱、对知识的渴望和对乡村生活发展前景的坚定信心。

（六）专业化原则

乡村学前教育师资队伍建设应该符合教师专业化发展的要求，走专业化建设之路。当今的世界已经对教师提出了专业化的要求，要求教师不仅应当具有专业精神和专业道德，还应当具有专业观念、专业知识、专业能力和专业潜质。此外，教师专业在近期也有进一步的划分：除了原有的学科教师划分之外，现在出现了一些新的教师专业，如心理咨询专业、体育保健专业、教育技术专业、网络教育专业等。总之，现在的乡村幼儿教师工作已不是几十年前只要有些知识就可做的职业，而是必须经过专业的、特殊的教育与训练，并且还要在工作中不断进取和进修的专业。尽管教师专业化运动还存在着一些需要进一步研究解决的问题，但却是目前形势下最为完善的发展策略。因此，乡村学前教育师资队伍建设必须考虑走专业化建设的道路，这也是从根本上解决乡村幼儿教师地位和待遇低下的一个重要途径。

六、乡村学前教育师资队伍建设的有效措施

学前教育的品质与乡村学前教育的长远发展息息相关，因此，学前教育师资队伍的建设显得尤为重要。在乡村学前教育中，加强师资队伍建设已成为一项至关重要的任务，需要我们全力以赴。

（一）充实乡村幼儿教师队伍

伴随着新时代的到来，我国开始重点关注学前教育，需要明确的一点是，幼儿教师在学前教育当中发挥着较为重要的作用，所以，为确保更好地培养下一代，就需要全面提高幼儿教师的素质。

1. 稳定乡村学前教育师资来源

学前教育的品质和可持续发展，直接取决于教师素养的高低，而生源素质的优劣则直接影响所培养教师的专业素养。因此，提高学前教育专业学生的师范技能是十分重要的。我国一直致力于通过师范教育来培养优秀的学前教师，这不仅为他们提供了专业的训练，也为他们的未来奠定了坚实的基础。然而，学前教育师资的唯一培养途径是师范教育，这一限制在一定程度上制约了学前教师的来源和

水平的提升。师范生作为一个特殊群体，其职业特点决定了他们在学习过程中必然要经过专门的培训与指导。根据我国的实际情况进行学前教育改革时，应当注重师范教育的培养，采用定向和非定向相结合的方式，进一步拓展学前教育师资的来源。

在考虑本地区小学和幼儿教育队伍建设的紧迫形势，以及基础教育的长远发展需要的前提下，应该按照教育部《关于规范小学和幼儿园教师培养工作的通知》当中的规定，对现有的师范教育资源进行调整，以便构建出一个稳定性较强的师资培养基地。推动当地的师范院校建设，以培养适应当地需求的幼师学生为目标，有助于填补乡村幼儿教育领域的人才缺口；在考虑乡村教师的培养和选拔时，必须充分考虑乡村教师的本土特色，源自于本土的乡村幼儿教师能够更好地维护乡村师资队伍的稳定性，应当始终强调发展本地的师范教育，同时积极支持本地师范院校的建设。为了扩大乡村幼师师资队伍，解决师资短缺问题，我们可以向那些自愿留在乡村任教的幼师毕业生提供学费和生活费的补助，并在其工作后提供特殊津贴。

在促进乡村学前教育事业发展的过程中，加强就业教育，激发学前教育专业学生的社会责任感和使命感，是至关重要的。同时，高校要重视对毕业生创业能力和综合素质的培养。不可否认，每个人都有着追求更好的生活的权利，但是，需要注意的是，乡村、基层、偏远落后的地区需要更多的人才来进行建设和开拓，尤其是广大的乡村幼儿园更需要人才的加入。城市中的幼儿园经过长期的人才储备，其学历和专业水平的要求都相对较高，这使得刚毕业的专科学生很难在其中找到工作。乡村幼儿园普遍缺乏经过系统专业训练的教师，这使得全日制学前教育专业的专科毕业生在这一类幼儿园中较为抢手，他们反而更容易在其中施展才华，实现个人价值。总而言之，师范院校应当致力于通过提供就业教育，引导学生转变不切实际的就业观念，使其充分认识到，就业结果应以其自身价值的实现为衡量标准，使其形成崇高的就业观；应不断促进思想教育的加强，引导学生深刻认识到乡村学前教育事业的重要性，激发他们的社会责任感和使命感，激发他们对这一事业的热爱之情，并树立起为这一事业奉献青春和智慧的崇高理想。另外，需要明确的一点是，这些教育的实施离不开政府大力提升乡村幼儿教师在经济和社会领域的地位。若非如此，空洞无物的训诫则难以令人信服。

2. 积极补充乡村学前教育教师

可以招募有全日制幼儿师范专业专科以上学历且具备幼师资格的毕业生，或将曾在小学任教的幼师转岗至乡村小学学前班或公办幼儿园，以满足招聘需求。要采用各种方式，以满足当前对于专业幼师数量不足的需求。对乡村幼儿园教师的招聘标准进行适度降低，以提高招聘数量。同时，要对在职幼儿教师进行继续教育和培训。为了促进乡村学前教育的发展，相关部门应尽快拟定一份未来的乡村幼儿教师招聘计划，以适应这一发展趋势。在招聘幼师时，应遵循比市区稍低的标准。之后，依据当时乡村幼儿教师的现状，对招录方案进行调整，以便循序渐进地补充乡村学前教育教师队伍，而不是简单地采用不现实的一刀切的方法。

3. 确保乡村学前师资队伍稳定

如果乡村幼儿教师队伍不稳定，则不利于系统化教学，也不利于幼儿的健康成长。为了解决这个问题，一方面，我们逐步完善幼儿园教职工工资保障水平、专业技术职称评聘机制和各项社会保障办法，依法落实幼儿教师待遇，提高幼儿教师地位，关心幼师的工作和生活，切实解决幼师的后顾之忧，建立了“事业留人、感情留人、待遇留人”的用人机制；不断深入探索养老保险机制，进一步促进广大乡村幼儿教师在教育领域中的热情和主动性的发挥，以促进其参与和贡献。另一方面，我们要注重对农村幼儿园教师进行职业道德和职业精神等方面的培训，使其成为一名合格的幼儿教育工作者。对于乡村幼儿教师队伍的建设，我们要高度重视，不遗余力地采取各种措施，包括但不限于提高工资和其他相关待遇。为确保乡村非公办教师队伍的稳定性，就需要重点解决乡村幼儿教师养老保险问题。通过实行幼儿教师养老保险制度，提高了幼儿教师地位，解除了他们的后顾之忧，大大增强了幼教职业的吸引力，使那些有志于幼教事业，有一定潜能、具备较高素质的优秀人才充实师资队伍，确保了幼儿教师队伍生机无限、活力充沛，确保了幼教事业的稳定与发展。要调动广大乡村幼儿教师的工作积极性，稳定乡村幼儿教师队伍，杜绝优秀师资的流失，有力保证乡村幼儿教育的质量。

（二）保障乡村幼儿教师权益

要认真执行《中华人民共和国教师法》，依法保障幼儿教师的合法权益，逐步提高幼儿园的教师工资待遇，吸引一批高素质人才加入幼儿教育事业中来。

1. 明确乡村幼儿教师的身份和地位

为确保幼儿园教师资格制度和教师聘任制度的有效实施，必须明确幼儿教师的身份和地位，以符合法律规定。积极做好农村学前教育工作。秉持法治教育的理念，制定相应的幼儿教师法规和政策性文件，确保幼儿教师队伍建设始终坚持法治化。加强民办幼儿园教师的注册登记与管理是必要的措施，以确保他们的资质和能力得到充分保障。推广教师薪酬的量化考核机制，以工作实绩为依据，实现劳动报酬与劳动成果的公平分配。确保工资水平不低于当年劳动力的平均水平，并且能够保证充足的发放。值得注意的是，在遵循国家相关规定的前提下，积极探索解决乡村幼儿教师的劳动福利与养老保险问题是解决幼儿教师担忧的最根本的举措。唯有如此，方能确保乡村幼儿教师的合法权益得到切实维护。

2. 提高乡村幼儿教师的物质待遇

确立并完善教师薪酬保障机制，以确保教师工资的发放是按时且充足的。为确保乡村幼儿教师的心理稳定，必须采取切实有效的措施，包括但不限于重新发放旧欠工资、补充地方性工资和津贴。为确保教师工资与地方公务员工资同步，可以采用财政统一发放的方式，每年年初将教师工资从县财政预算中单独列项，存入专门的账户，实行专款专用，并及时定额到位。为了提高乡村学前教师的吸引力，需要制定一系列法规，包括但不限于最低工资保障和劳动保障，法定节假日的带薪假，以及完善养老保险、保障住房等方面的规定，确保乡村幼儿教师和小学教师享有同等待遇，并对乡村地区的优秀教师进行奖励。加大财政投入力度，增加财政经费用于支持乡村幼儿教师的工资提升。对于那些长期从事幼儿教育工作，以及积极参与乡村教育的师范毕业生，应当给予额外的补贴或津贴。

3. 落实乡村幼儿教师编制和职称

为了缓解幼儿教师长期积压的严重缺编问题，政府应当采取切实有效的激励措施，逐步推动相关工作的开展和实施。特别需要尽快解决乡村、乡镇中心幼儿园的编制问题，以确保其正常运转。为确保乡村幼儿教师的身份合理性和师资队伍的稳定性，必须制定和完善相关政策。加强对乡村幼儿园教师队伍建设的指导。对公立幼儿园的教师编制进行核定，逐步实现幼儿园教职工的完备。进一步明晰幼儿教师的待遇标准，建立符合幼儿园教师职称评审条件与办法的制度，积极维护乡村幼儿教师的合法权益，深入探索与研究专业教师从事乡村学前教育工作的途径。

（三）加强乡村幼儿教师培养培训

教育工作十分重要，且教育工作当中的教师发挥着举足轻重的作用。学前教育的质量在很大程度上是由学前教师专业化水平决定的，所以说，通过坚持不懈地改进教师的专业教育，以及专业发展途径和方式，就能够更加有效地推动教师的专业成长，从而确保学前教育的高质量。不断完善乡村学前教育师资队伍培养机制，制定合理的培训计划，并逐步构建出和幼儿园教育改革契合的培训机制，使得所有的教师都能够以教育实践为基础，积极参与日常教研活动，并不断提升教师的专业素养。

1. 加强学历提高培训

园长和乡村幼儿教师必须参加岗前培训或转岗培训，以确保非乡村幼儿教师专业毕业、未获得乡村幼儿教师资格的教师能够胜任相关工作；对于那些未能达到合格学历标准的幼儿教师，他们必须接受学历提升的培训。为了实现乡村幼儿教师持证上岗的目标，需要鼓励那些学历不合格的乡村幼儿教师和无证上岗的乡村幼儿教师前往正规的师范院校参加学习和培训，并且需要获得毕业证与乡村幼儿教师资格证。在加强幼儿教师培训的同时，应制定相关法律、法规和从业规范，以确保乡村幼儿教师都能够接受培训。

2. 加强园长培训

一个人要想担任乡村幼儿园的园长，就需要按照国家规定接受对应的岗位培训，以便促进素养和专业技能水平得到显著提升。为了规范乡村幼儿园的管理行为并更新管理理念，乡村幼儿园在闲暇时间应参加专门的园长培训班。除此之外，乡村幼儿园还可以邀请国内外知名的幼儿教育专家抑或是知名的园长和教师，亲临现场进行教学，借此深入了解和学习符合时代发展要求的教育理念和经验。并且，还要积极推动乡村幼儿教师参与其他园所教育教学活动和教育环境的创设，以便更好地实现“走出去”的教育目标。园长还需要经常前往外地学习、观摩，汲取不同园所的优秀教学管理经验，并对学习内容和心得进行系统梳理和总结，最终以教学视频的形式单位对乡村幼儿教师进行培训。通过教学观摩活动，园长应发现自身所处幼儿园存在的问题，并不断改善办学思路和理念，构建出以游戏活动为主要的教学手段，始终坚持因材施教、寓教于乐的教育理念，激发学生的学习兴趣，提高幼儿园儿童的智力水平。

3. 加强骨干教师培训

积极参与业务培训和上级主管部门组织的岗位培训，是乡村幼儿教师和保育员必须参与的重要环节。幼儿园选出部分优秀教师，通过“带”和“帮”的方式，参与教学研究，开展示范课工作并完成教研任务，这对广大教师的业务研究和水平提升产生积极的影响和推动。对于乡村学前教育师资队伍的稳定和素养的提升，需要高度重视骨干教师的培训工作，并将其置于至关重要的位置，使其饱含敬业精神并有效促进教师服务意识的增强。一是坚持每周开展教研活动，践行乡村幼儿教师的“六个一”标准，即每人每期读一本教育理论书籍、写一篇有价值的教育笔记、上好一节教学研讨课、做好一个幼儿个案观察分析、备好一次交流发言、参与一个课题研究，使教师业务水平不断得到提高。二是可以适当采用“周学习、月检查、期评比、年培养、季提高”等具体监督管理的方法，督促新和老教师树立不同的学习目标，创造发展空间。三是大力鼓励乡村幼儿教师进行自我创新，积极参加各项专业竞赛活动。

4. 加强跟班学习

为了规范乡镇中心幼儿园的办学行为，提升园务管理水平和保教质量，以及进一步发挥示范幼儿园的作用，幼儿园就需要使用就近跟班学习的方式，并确定与之契合的学习计划。除此之外，乡镇的幼儿教师还应该能够到层级更高的示范性幼儿园中观摩学习。这一系列措施能够极大地提升乡镇办园的水平。相关部门要建立健全培训网络，有计划、有措施、有步骤地对全体乡村幼儿教师进行系统培训。在抓好跟班学习的同时，各级各类乡村幼儿园要坚持搞好园本教研，定期开展园本教研活动，每月对教师的学习心得体会进行检查，每期对教师的学习进行鉴定，列入教师年度目标管理考核，不断加强对乡村幼儿教师的监管和帮助。

5. 拓宽培训渠道

明确现阶段乡村学前教育的教师队伍的情况，并根据现有的教育教学资源，对各种层次的乡村幼儿教师开展对应形式的培训，以便有效促进所有教师的经验与能力的提升，进而有效推进乡村学前教育的师资队伍的建设。按照需求不同，进一步开拓现有的幼儿教师提升自身能力的方式，探寻合适的培训方式，以便获取足够有效的培训效果。在每年开展的长期培训过程中，还需要积极抓住新课程改革等机遇，随时组织举办具有研讨性质的专业研修班。

6. 加强交流学习

充分发挥典型和模范的带头作用，形成优秀乡村幼儿园园长和教师巡回交流经验机制。借助新兴媒体介质，以创办网上辅导等新形式，创新乡村学前教育师资培养制度。同时，也可以开展巡回指导。由于农村地域辽阔、人口稀少、交通不畅，所以将乡村幼儿教师聚集在一起进行外出培训确实需要克服相当多的阻碍。因此，可以利用城区示范性幼儿园教育的高质量，由教育主管部门组织策划并实施一系列措施，包括成立专业指导小组、派遣教师骨干深入农村等，根据当地的根本需求对幼儿教师进行有针对性的培训和指导。除此之外，建立一个辅导网络或许是一个值得尝试的方案。建立一个较为完备的领导架构和业务辅导网络，对乡村幼儿教师进行合理的指导和管理；根据农村经济发展水平和师资现状，采取不同形式，因地制宜地培养幼儿骨干队伍。成立教研组，由优秀教师牵头致力于开展教育和教学方面的研究，通过集体讨论和备课，共同制定教育计划和教学方案，组织观摩和评估活动等方式有效促进所有教师教学能力的提升。开展各种“送教下乡”的活动，使得城区中的各位优秀教师能够在乡村的课堂上分享优秀经验、先进的教育理念和切实可行的教学方法，并设置各种优质课程，有效促进城区与乡村的幼儿教师之间的交流沟通、互相学习、共同进步。

（四）促进乡村幼儿教师个体成长

教师的成长是教育的力量源泉。学前教育保育质量和水平的差距根本原因在于教师整体素质和教学技能的高低。教育的高品质离不开教师的不断成长和发展。因此，在新课程改革背景下，如何提升农村幼儿教师的整体素质已迫在眉睫。只有那些不断追求知识、积极开展实践工作、不断进行反思并改正的乡村幼儿教师才能真正成长为完全适应现代幼儿教育需求的教师，由此，可以充分展现出自己的智慧和才华。一位杰出的乡村幼教从业者必须不断提升自身素养，实现多方面的协同发展，才能为21世纪培养更多具备资质的人才。

1. 严把幼师资格准入关

幼儿园教师要严格遵守上岗准入制度，应具备良好的职业道德和扎实的专业知识技能，具有一定的教学能力，能够胜任幼儿教育工作。上岗教师均应为高质量人才，以确保教师素质得到卓越表现。无论是公立幼儿园还是私立幼儿园，在职的幼儿教师必须拥有幼师资格证书，而其他从业人员也必须具备相应的职业资格。根据《教师资格条例》的相关规定，乡村幼儿园的教师需遵循园长和幼师资格准入制度，并严格执行持证上岗的规定。在幼儿园教育领域，采用聘任制来聘请教师，幼儿园园长全面负责考核和聘用。对于乡村幼儿园的幼师必须通过所辖学区的全面考核，并向上级教育行政部门申请审批备存。新招聘的幼师必须持有幼师毕业证，并在经过全面考核后向上级教育行政部门申请审批；非幼师专业毕业的教师需要接受一定期限之内的培训，逐步提升专业水平，以确保其能够达到乡村幼儿教师的毕业标准。

2. 开展“以老带新促幼师成长”活动

通过“以老带新，以优带新，以学促新”传、帮、带的方式，促进幼师快速成长。对工作经验不足三年的新教师，指派骨干教师与其结对子，一对一传帮带；根据新老教师的个人特点组合分班，便于取长补短、共同进步。注重加强园本培训，实行三级培训，即由园长负责学科带头人、教研组长负责班主任、班主任负责教师的培训。通过幼儿园园长和骨干幼师对新教师的跟踪指导，辅导新教师抓好备课—听课—评课—总结等环节，提高新教师的业务水平。各幼儿园选择具有良好的师德。较强的专业知识和技能的教师，作为新教师的带教老师和搭班教师，通过榜样的力量，激发新教师的自我发展意识。这种“手把手”的“贴身”帮助，对新教师的成长是最直接、最有效的。老教师丰富的教学经验、先进的教育思想，及较强的驾驭课堂能力为新教师提供了宝贵的示范素材。通过这种方式，新教师的教学组织能力和专业水平将会很快得到提高。

3. 采用“集体带教和个别帮教”相结合的培训模式

新教师有跟班“师傅”在业务上的悉心指导，有搭班教师在教学中的言传身教，有教研组长在工作中的真诚帮助，又有同事们在生活上的无私关心，还有教研室组织的集体赛教、评课的实践历练，同事们都成为新教师教学中出谋划策、热心帮助、全力带动的“师傅”，这为新教师营造了一个很好的成长氛围。通过优化人力资源、分享教研成果、整合教学资源，新教师随时随地可以去每个班级学习、听课，让每个新教师都能找到属于自己的发展路线，为她们提供一个很好的学习平台。新教师在这样一个集体带教、个别帮教的环境中迅速成长起来。

（五）促进乡村幼儿教师自我发展

乡村学前教育质量的提升和乡村振兴的实现，离不开对乡村幼儿教师自我成长的积极推动。因此，在新时代的背景之下，乡村幼儿教师应当抓住各种发展机遇，以问题为导向，通过形象塑造、理念创新、知识结构优化、内在动力激发等手段，实现自身的全面发展。

1. 积极主动融入乡村、实现身份转化

在新时代的背景下，乡村幼儿教师需要进行现代化的转变，重塑职业形象。第一，为了有效促进乡村幼儿教师与乡村社会实现深度融合，更好地开展乡村教育工作，就需要有效增强乡村幼儿教师的乡土归属感，使其能够深入乡村，真正实现与乡民、乡村教育的充分融合。第二，进一步发挥乡村幼儿教师的责任意识和担当精神，以积极引领乡村社会的发展为目标。除此之外，还需要加强对乡村幼儿教师的培训工作。在乡村振兴和教育发展的进程中，乡村幼儿教师作为乡村社会知识文化的主要代表和象征，拥有一定的权威地位，应当充分发挥其才干和本领，使其形成并始终保持公共服务意识，自觉履行监督服务功能，有效推动乡村社会各项事业的发展。第三，充分彰显当代人的精神风貌，积极开展乡村文化建设工作，提升乡村文化的内在价值。乡村振兴战略的实施需要重新塑造乡村教育的精神风貌，提升乡村的文化内涵，而乡村幼儿教师是其中的重要组成部分，在此过程中，可以将现代人的精神风貌作为切实可行的引领示范，由此，就能够在开展乡村精神文化建设的工作中对幼儿教师进行潜移默化的影响，从而有效促进乡村文化品位的提高，并确保最终能够构建出令人满意的乡村。

2. 热爱乡村教育，厚植乡土情怀，树立独特的乡村教育理念

刘铁芳教授曾说："乡村教师的素质要求不仅体现在知识的多少与学历的高低，更集中体现在其对乡村社会的亲近与广博的爱"。[①]第一，乡村幼儿教师应当怀着对乡村社会的热爱之情，对乡村教育的忠诚之心，始终坚守在教学的第一线。在此过程当中，教师可以将其职业生涯发展与乡村教育的发展进行紧密的连接，充分发扬对于开展乡村教育的决心和毅力。第二，乡村幼儿教师需要进一步明确乡村教育的价值和意义，并在此基础上不断提升认知水平。乡村教育不但与城镇教育存在一定的功能共同点，也在一定程度上表现出了独属于教育形态的多样性和复杂性，因此，乡村教育不仅需要体现教育的共同价值，同时也需要深入探索自身的优势特色，并充分展现出乡村性。第三，确立一种不再受到城乡界限阻隔的全面教育理念。乡村幼儿教师应当深刻认识到乡村教育的独特性，以田园思想和生态理念为指导，支持和引导乡村教育的发展，培养乡土情怀，同时积极适应城乡一体化，以现代化的教育理念引领乡村教育的发展，形成基于城乡融合、超越地区差异的教育观。

3. 立足乡村世界，面向未来发展，重构符合新时代要求的知识结构

乡村幼儿教师的知识结构建构具有多样性的特征，因此，乡村幼儿教师应当掌握足够的教育教学相关知识，并构建符合一般教育教学基本规律的知识框架。考虑到乡村幼儿教师所处的地理位置和教学对象的独特性，他们的知识结构必须呈现出浓郁的本土特色。乡村幼儿教师应当具备广博的基础知识，全面掌握所授学科的知识体系、方法原理、技能等，以便从根本上更好地推动乡村学校学科教学的发展。对于乡村幼儿教学来说，鉴于乡村学校教学点的分散和教学资源的匮乏，为了更好地胜任跨学科教学工作，乡村幼儿教师必须具备成为一名"全科型"教师的潜力。除此之外，他们还应当对当地的文化、历史、社会等方面进行深入了解。乡村幼儿教师的知识结构应当以地方性和乡村性知识为核心元素，注重构建基于乡村、面向现代化的实践性知识体系。

---

① 刘铁芳. 乡村的终结与乡村教育的文化缺失 [J]. 书屋，2006（10）：15.

4. 加强自我学习，激发自我发展内生动力

乡村幼儿教师自我发展的根本驱动力在于其拥有的内生动力。在“立德树人”的基本要求下，乡村幼儿教师应当不断加强自我学习，并持续对自己的知识结构进行更新，以便逐渐构建出适应时代发展要求的全新教育教学理念，从而能够更好地服务于幼儿的全面发展。另外，应唤起个体内在的自我认知，提升乡村教师对专业发展的自我意识。乡村幼儿教师应当深刻领悟乡村振兴战略的时代主题，对自身职业进行深入的了解，基于此形成适应时代发展要求的职业价值观，培养自我发展的自觉意识，有效增强专业发展的内在驱动力。最终，坚定乡村教师对乡村教育的信念和理想，以确保其在实践中得到充分的体现。乡村幼儿教师应当在深刻理解乡村教育现实的基础上，进一步明确自己所坚守的乡村教育理想的信念，将对乡村教育的认知与专业发展紧密结合，实现由“他主”向“自主”的自我发展驱动转变，充分认识乡村幼儿教师的本质特征和重要作用。

（六）培养乡村幼儿教师的核心素养

1. 乡村幼儿教师核心素养培养的价值

（1）实现乡村教育治理现代化

乡村教师治理现代化是顺应时代发展的创造性转变，应基于对乡土文化浸润式传承、乡村教师乡土性特质、城乡教师差异化发展等方面的内容开展全面统筹工作，并借助各种现代科技手段，更好地帮助多元主体完成对乡村教师的“共治”目标的过程。在推进乡村教育治理体系现代化的过程中，必须充分发挥乡村教师在治理理念、治理目标、治理力量、治理环境等方面的主体作用，发挥他们在善治、共治、法治方面的能力，只有这样，才能真正实现乡村教育治理体系的现代化。伴随着时代的发展，乡村发展正处于重大转型和变革的关键时期，实现乡村教育治理体系和治理能力现代化的目标仍然是一项艰巨且漫长的任务。值得注意的是，在这一过程当中，乡村教师的核心素养是推动乡村教育治理体系和治理能力现代化的不竭动力。

（2）平衡城乡教育资源均衡发展

《国家中长期教育改革和发展规划纲要》要求，“加快缩小城乡差距”“率先

在县（区）内实现城乡教育均衡发展”。当下，“教育公平是社会公平的基础”“发展公平而有质量的教育”“从有学上到上好学”是新时期乡村教育发展所追求的目标。近年来，城乡二元结构的形成和城镇化等多种现实因素带来了一系列影响，致使城乡教育资源的差距逐渐扩大，直接导致城乡教育不平衡的矛盾更加显著，具体表现为城乡教育经费的不平衡投入、城乡教育资源的不平衡配置、城乡师资力量的不平衡，以及城乡课程设置的不平衡等。在当前城乡教育资源不平衡的背景下，确保每个孩子都能够享有平等的教育权利，是新时代乡村幼儿师资队伍建设的最终目标，也是乡村幼儿教师核心素养培养的必然要求。

2. 乡村幼儿教师核心素养构成要素

（1）乡村教育情怀

对于乡村幼儿教师来说，构建浓厚的乡村教育情怀能够勉励自己在乡村幼儿教育工作中坚持下去。在乡村教师的队伍建设方面，我国的学者更为关注待遇和环境等方面的改善，这在一定程度上有效地促进了乡村教育情怀的增加。乡村教育情怀是乡村教师内心深处对乡村教育事业的无限热爱和忠诚奉献，是一种专业的情感依附和反哺感恩之情，乡村幼儿教师应将振兴乡村教育视为根本的志向和信仰。在新时代的背景下，传统乡村幼儿教师知识分子的专业能力和公共责任出现了新的要求，并面临着新的挑战，其中最为重要的是培养乡土教育情怀，这也是应对智能时代严峻挑战的一项特殊优势，主要体现在以下几个方面：第一，对于乡村教育事业，应当怀有深深的热爱之情，对乡村儿童的关爱也应当是无微不至的，等等。第二，通过对乡村文化的认同和身份认同，乡村幼儿教师可以在乡村教育场域中获得成就感、幸福感和满足感，从而更好地认识和传承乡土文化。第三，乡村幼儿教师应当积极肩负起传承和创新乡村文化的时代责任，时刻牢记并奉行社会主义核心价值观，成为乡村社会和乡村民众的道德楷模，使得新时代的气息和乡村教育规律相得益彰。第四，乡村幼儿教师应将乡村教育振兴作为根本目标，扎根乡村，认真工作。

（2）乡土文化自我认知

文化的自我认知是指生活在特定的文化和历史圈子中的人们，对其所处的文化环境有深刻的了解，并且对其发展历程和未来有着充分的认知。乡村幼儿教师的乡土文化认知是他们对故土、故乡和故人深切依恋的情感，是他们对乡村发展的深刻洞察和对乡土文化繁荣的深刻思考，同时也是他们对乡土文化建设的积极推动。乡村教师应当主动弘扬乡村新风，进一步增强幼儿对于乡土文化价值观念的认同。除此之外，乡村幼儿教师应积极倡导乡土文化的深厚内涵，推动乡土文化的再生产，有效促进乡土文化的传承和创新能力的提升，为乡村教育振兴战略和教育脱贫攻坚计划的实施提供有力支持。

（3）家校有效沟通

针对乡村教育场域和教育对象的特殊性，乡村幼儿教师应深入了解乡村生产生活、民俗民风和儿童生活学习习惯，积聚乡村家庭、社区和儿童等力量，充分利用乡土文化资源，进一步促进乡土教育治理能力的提升。总的来说，乡村教育的根本目的在于，引导乡村教师重点关注乡村儿童的身心健康发展，积极促进学生的个性发展和自信心的增强。乡村教师应当与家庭、社区等相关利益方建立家校合作共同体，以便更好地共同促进乡村儿童的身心全面发展。

3. 乡村幼儿教师核心素养培养路径

（1）构建乡土化职前培养课程体系

我国的教师职前培养模式和课程设置呈现出“去农化”“国际化”的趋势，职业定位和决策也趋向于城市化。在乡村幼儿教师核心素养的培养过程中，应在职前教育阶段建立一套名为“回归乡土”的职前教育课程体系，以培养乡村幼儿教师深厚的乡村教育情怀，激发其对乡村的热爱，使其发自内心地为乡村幼儿教育振兴奋斗。第一，在课程目标方面，需要建立一个细致的培养目标指标体系，旨在有针对性地培养乡村教师，使其具备深厚的乡情素养、过硬的专业技能、优秀的教学能力，以及留在乡村的毅力和决心，这就是课程目标的最终价值取向。第二，在课程内容方面，我们需要进行理论和实践课程的比例结构的调整，以平衡知识、情感和价值观等方面为课程内容，同时有效促进乡土文化课程的学习、实习和研习比例的增加，从而为培养准乡村教师的乡情素养打下坚实的基础。在乡村教育领域，应加强实践活动课程的设置，引导师范生积极参与乡村教育实践活动，深入探析乡村教育的发展规律，丰富其乡土知识，以及培养乡土教育教学实践智慧是至关重要的。第三，在课程实施方面，我们将乡村教育的实际发展需求与师范生专业素质培养的乡土性相结合，同时，考虑乡村教育场域的现实差异，尽力避免或减少乡村教育与城市教育课程实施的同质化现象的出现，从而进一步明晰课程实施的针对性、异质性和适宜性。第四，针对乡村教师的基本特征，构建了一个符合其专业发展和核心素养培养的课程评价考核体系。与此同时，为了确保关于乡村幼儿教师的核心素养评价的指标能够伴随着时代教育评价改革新趋势的发展而不断更新，就需要为乡村幼儿教师的核心素养培养工作制定相应的计划，并制定合理的考核标准和晋升指标。

（2）完善职前职后一体化培养机制

基于终身教育和教师专业发展理念，教师教育一体化理念旨在实现教师职前、职中和职后教育的无缝衔接，涵盖课程结构、内容和实施等多个方面，以培养全过程为基础，实现终身贯通。但是，在乡村教师职前一体化的过程中，对于城市教育的发展理念、模式和创新存在着过高程度的依赖，导致新入职的部分乡村教师可能并没有接受较为完备的乡土文化课程培训。这些教师可能并未深入了解乡村教育、乡土文化和乡村儿童，进而导致其在日后的教学活动当中不时地与自己的文化角色产生冲突。为满足新时代乡村幼儿教师核心素养培育的需求，应建立教师教育一体化培养机制，以促进乡村幼儿教师核心素养培育的切实推行。第一，在选拔生源方面，重点关注来自乡村户籍所在地的准师范生，他们具有深厚的乡土情感，并且对家乡的文化有着深入的了解，这将有助于他们更好地开展乡村教育工作。第二，在乡村教育实践方面，广大的乡村幼儿教师进入乡村开展实践工作，应更为深入地了解、领悟和认同乡土文化，更好地适应乡村生产、生活环境，激发乡土文化基因，以便能够为未来开展乡村教育工作奠定坚实基础。第三，在确保培养效果的过程中，需要建立一个综合评价保障机制，以“回归乡土”为核心，着重考虑乡土文化的差异性，并据此建立适切性质量评价体系。并且，在师范专业认证的背景下，为有效促进我国师范教育改革工作的有序发展，需要对师范生的乡情素养进行严格考核。第四，在招聘过程中，将乡村幼儿教师的深厚乡土教育情怀作为重要的考核评价标准，从了解乡村生产生活、把握乡村教育教学规律、坚守和服务乡村教育意识、体验乡村乡土文化底蕴等多个方面对其进行全面考察，以便乡村幼儿教师职前、职后一体化培养机制能够得到切实推行。

（3）丰富教育生活实践反思智慧

2020年发布的《关于加强新时代乡村教师队伍建设的意见》指出：“强化教育实践和乡土文化熏陶，促进师范生职业素养提升和乡村教育情怀养成”。总的来说，在对乡村幼儿教师的核心素养进行培养的时候，应当格外注重实践活动类课程的设置，丰富教育生活实践，并基于此培养实践反思性智慧，这是乡村幼儿教师核心素养培养过程中的当务之急。

第一，在职前教育的阶段，培养其树立正确的人生价值观和道德观，增强乡土意识与家国情怀，使其为今后更好地扎根农村工作打下坚实基础；引导师范生积极参与乡村社会实践活动，深入开展乡村调查和调研工作，撰写翔实的乡村教育发展报告，主动参与乡土生产生活工作，对存在的乡土文化资源进行细致的发掘与整理，并加以传承。为了提升乡村教育的整体质量，乡村幼儿教师需要深入了解教育理论知识，并将其与乡土教育实践相结合，不断积累经验和智慧，从而助力乡村教育的不断发展。乡村幼儿教师应积极担当起乡村“新乡贤”知识分子的角色，与当地乡民和学生建立紧密的联系，通过参与乡土实践活动，深刻认识乡土文化、感受乡土风情，并积极回馈乡土社会。

第二，在职培养的阶段，广泛邀请众多具有一定知名度的专家与学者抑或是上文提到的“新乡贤”，使得这些人积极主动地参与乡村的幼儿园的发展，由此就能够广泛吸引更多人们的关注，接受各种意见与建议，不断提升乡村教育的水平。在教学过程当中，教师需要看展不同层次的教学活动，并结合慕课、云课堂等新兴的教学途径和形式，真正实现乡村幼儿教育教学的资源的合理分配和共享，并进一步探索适合现状的教学模式。应建立家校合作共同体，培养乡村幼儿教师跨学科教学能力和乡土资源开发利用能力，为留守儿童的身心健康提供全方位的保障。

第三，进入职业生涯的进阶阶段。在此阶段应实行分层次、精准和有效的培训方案，积极鼓励乡村教师通过在职进修的方式，进一步提升自身的学历水平。对于那些拥有本科学历的乡村教师，应为他们提供更多的提升方式，鼓励他们学习新的教育理念，不断更新知识结构，并积极提升教育教学实践能力；不断推进县域教师置换与走教活动，激发现有教师队伍的活力，提升乡村教师对乡土文化的感知能力与理解程度，进一步增强学校、家长、社区对学生的了解。

（七）构建乡村幼儿教师职业认同的支持体系

1. 地方政府要加快政策供给，提高乡村教师待遇

乡村教育的健康可持续发展，得益于国家陆续颁布的一系列政策和法规，这些政策和法规有效地改善了乡村教师的生存状况。然而，尽管这些政策已经在地方层面得到了具体实施，但仍然存在着种种复杂的挑战和难题，因此，需要地方政府积极推进相应的政策供给，持续改进工作作风和模式，不断提高乡村幼儿教师的工资待遇，并逐步建立起健康、持续、长久、高效的乡村幼儿教师发展机制。唯有在政府层面，借助政策的导向和引领作用，不断拉近乡村教师与城市教师两种社会认同之间的距离，方能促进乡村幼儿教师的身份认同的提升，从而进一步增强其职业认同。

相关部门应通力合作，不断加大对乡村教育的投资力度，加大各类补贴政策的倾斜力度，特别是在住房公积金、退休待遇、职称评定等方面更应该向乡村幼儿教师倾斜，以促进乡村幼儿教育事业的发展。

2. 地方高校职前教育要注重乡村体验，培养学生的乡土情怀

在乡村幼儿教师职前培养中，地方高校一直扮演着不可或缺的关键角色。从地理位置的角度来看，地方高校与当地乡村的距离相对较近，同时教师队伍中也有大量本土教师，他们已经积累了众多乡村幼儿教师知识，并且对当地的政治经济和文化传统较为熟悉。根据在地缘关系基础上形成的熟人社会，大部分本土教师对当地乡村学校教师的需求和发展情况了然于胸。在与乡村学校开展合作的过程当中，地方高校可以有针对性地选拔和培养本地生源，同时，在教学过程中对学生的乡村体验进行重点关注，进一步增加与当地文化和教育、乡村学校和学生等相关的背景知识，并且，还可以提供乡村教育实践类课程，如到乡村实习，或者开展社会调查等，以帮助师范生从多个角度对乡村进行深入了解，从而能够更为深入且全面地了解和认识乡村教育教学。师范生只有通过与村民和儿童的直接

互动和交流，才能深刻领悟到乡村幼儿教师对于乡村教育和乡村社区发展的重要作用，从而激发出强烈的职业认同感和深厚的乡土情感。

3. 乡村社区要多措并举，改善乡村幼儿教师工作和生活环境

为了改善乡村幼儿教师的工作和生活环境，需要在多个方面进行协作和努力，尤其是在乡村社区这个微观环境系统中，乡村幼儿教师的职业认知和理解会受到直接影响。乡村社区居民需要与外部社会紧密合作，通过积极改善乡村社会风气和乡村社会关系，扭转“读书无用论”的观念，重塑尊师重教的良好风气，推广乡村幼儿教师的正面形象，提高他们的教学积极性，以及对学生的期望，由此就能够充分激发学生对学习的热爱，有效促进学生实现全面发展。在乡村社会中，有智慧的个人或群体可以通过多种方式返乡或鼓励乡村出身的知识分子在退休后回到乡村地区，以改善乡村文化环境、培养乡村文化，并不断对乡村群众现有的落后观念进行改变。在积极推进乡村教育现代化的过程中，我们致力于培养那些身处乡村、具备卓越才干和深厚文化底蕴的幼儿教师，使他们成为具备较高素质的杰出人才，从而重建他们在乡村地区公共话语中的地位。乡村社区应采取多元化措施，为乡村幼儿教师营造宜人的人文环境。尽管这是一种理想状态，但理想才是自我认同的根本，只有明确这一点，乡村幼儿教师才能真正明确自己的职业理想，深耕乡村，不断自我反思和学习，提升职业认同水平。

4. 乡村学校要建立专业发展共同体，丰富乡村幼儿教师职业技能

一般而言，乡村幼儿教师有着属于自己的特质，使其职业技能无法被一般意义上的教师职业技能所替代。我们必须充分考虑其所承载的时代性、民族性和地域性特点，以培养其特有的实践性知识和能力为根本目的。比如，关于实践性的知识，幼儿教师需要充分熟悉当地的方言、风土人情、文化习俗等，以确保能够更为熟练、方便、全面地深入乡村社会当中。因此，为了促进乡村幼儿教师的专业成长，为了培养和指导乡村幼儿教师的一般教育教学知识和能力发展，同时为他们提供乡村文化的共同体学习，乡村学校需要建立专业发展共同体，制定相应规则，以促进乡村幼儿教师可以借此深入乡村开展各种形式、各种内容的调查和研究，总结并分析所教课程的乡村文化和乡土社会内容。

在乡村学校中，应对乡村教师进行思想引领，并有效促进体制机制的完善和

组织的协调统一，并激发幼儿教师的积极性，从而形成包含乡村学校特色的专业发展共同体，进而促进乡村幼儿教师的职业技能和通识素质得到有效提高，使其在独具特色的乡村教育中与学生建立自然的情感关系，从中感受到教书育人的职业成就感和认同感。

5. 乡村幼儿教师要积极融入乡村生活，提升价值认同能力

要提升乡村幼儿教师的职业认同感，必须基于乡村幼儿教师的改变，只有他们能够在工作中充分实现自我价值，才能够深刻领悟到乡村幼儿教师的职业价值，进而对乡村产生更为深厚的热爱之情，基于此种情感与坚定的信念，逐步成长为一名优秀的乡村幼儿教师，最终实现乡村教育水平的提升。

（八）规范管理乡村幼儿教师队伍

目前，我国的学前教育实行的是一种“地方负责、分级管理和有关部门分工负责”的管理模式。政府有责任为幼儿的成长提供优越的环境条件，因此，需要全面规划、因地制宜地制定幼儿教育发展计划，并将其纳入当地经济和社会发展的整体规划中，其中，最需要关注的就是乡村学前教育。

在地方政府层面，各级教育部门应设立分层的领导小组并组织相关工作人员，以负责学前教育的管理和指导。同时，乡镇教育部门还应配备中心园长与幼教教研员，以接受县市区托幼办的业务管理和指导。各部门负责人必须准确把握各方面问题的核心、难点和实质，以确保问题得到妥善解决。解决师资管理问题是一项漫长且复杂的任务，需要在深入调查研究的基础上，结合当地基础教育改革和发展的实际情况，认真制定规划，与此同时，教育行政部门和学校应该协同配合、共同推进。只有在政府主导、统筹兼顾进行配合的前提下，才能有效地推动乡村幼儿教育师资的充分发展。

针对乡村幼儿教师的管理问题，现阶段存在一些需要改进的方面，可以从观念、制度和措施等多个层面进行优化和改进。一是，从观念层面来说，就是要充分认识到推进和深化乡村幼儿教师规范管理的改革，是促进乡村学前教育持续健康发展的迫切需要。我国乡村学前教育师资队伍不仅总量不足，整体素质和质量水平也不能完全适应当前乡村学前教育的发展需要，师资队伍的结构性矛盾比较

突出，难以适应乡村基础教育发展和教学改革对师资队伍的要求。尤其是随着乡村经济的发展，乡村学前教育布局的调整，以及社会对优质教育资源的需求愈来愈迫切，这一切都对乡村学前教育的师资队伍提出了新的要求，也对目前的乡村学前教育规范管理带来了新的挑战。这就要求我们通过改革逐步建立起符合社会主义市场经济体制要求的乡村幼儿教师管理制度。二是，从制度层面来说，要充分发挥制度和政策的导向作用，把改革纳入科学化、规范化、制度化的轨道，贯彻执行《教师法》和国务院《关于基础教育改革与发展的决定》，依法完善乡村幼儿教师的规范管理制度，依法落实关于县级以上教育行政部门对乡村幼儿教师的管理职责。从操作层面来说，要以实行聘任制和岗位管理为重点，深化乡村幼儿教师队伍的常规管理改革要积极且稳妥地推进教师的聘任制，建立能进能出、能上能下的乡村幼儿教师聘用的新机制，并进一步规范和明确乡村幼儿园园长的职责。应在完善乡村幼儿教师工资、养老、医疗等各项保障的基础上，建立起重能力、重实绩、重贡献的分配激励机制，促进人才合理流动，建立起公平竞争与有序流动相结合的乡村学前教育师资队伍人员流动机制。

第二节　加强乡村学前教育特色课程建设

学前教育的核心在于其所包含的课程，这些课程不仅是实现学前教育目标的根本保障，更是终身教育的基石，在整个学前教育体系中扮演着至关重要的角色。因而，要发展乡村学前教育必须大力进行课程建设。而要进行乡村学前教育课程建设，就必须在贯彻以幼儿的全面发展为本的教育理念、遵循基本的教育规律和教育原则、坚持正确的发展方向的基础上，立足于乡村的幼儿的实际情况，建构独具地方特色的、富于个性化色彩的课程体系。

一、特色课程建设的原则

（一）启迪幼儿智慧

乡村学前教育特色课程建设的首要原则是启迪幼儿智慧。所谓启迪，意为启发、开导、开启，《尚书·太甲上》中的“旁求俊彦，启迪后人”和陆游的《上辛给事书》中的“启迪人主而师表学者”的“启迪”，即为此意。所谓智慧，是指能迅速、灵活、正确地理解和处理事务的能力，它是一个至高无上、永恒无限的理想境界。智慧是相对于一般的知识而言，知识是认识世界的一种工具，而智慧更多地体现为认识和改造世界的能力。美国哲学家约翰·杜威认为，传统教育是以获取知识为目的，而现代教育在于启迪智慧；知识是一种死的东西，而智慧则是人明智的行为和行动的能力。

之所以将启迪智慧作为学前教育特色课程建设的首要原则，是因为以下几方面原因：

1. 启迪智慧原则契合素质教育、终身教育的理念

素质教育、终身教育是一种崭新的教育理念，这种教育理念强调教育必须将人的终身发展、全面发展作为基本的教育目标，而不是单纯的知识和技能的传授和习得。这一全新的教育理念所倡导的基础，不仅涵盖了基本的读写算技能和操作技能，更是为所有受教育者奠定了生存、做人、做事和终身学习的基石。总的来说，为他们奠定终身可持续发展的根基，是教育应该不遗余力努力的方向。幼儿教育的价值不仅仅在于传授知识，更在于培养学生的综合素养和全面发展能力。《幼儿园工作规程》指出：“幼儿园的任务是实行保育和教育相结合的原则，对幼儿实施体、智、德、美诸方面全面发展的教育，促进其身心和谐发展。”在《幼儿园教育指导纲要》当中，幼儿教育分为健康、语言、社会、科学、艺术五个方面的内容，这五个方面还能够互相影响，由此，就能够从多个角度促进幼儿情感、态度、知识和技能等方面的全面发展。总的来说，不管是《幼儿园工作规程》抑或是《幼儿园教育指导纲要》，其核心理念在于全面培养幼儿的认知、情感、态度和技能等，以促进幼儿的终身发展。智慧是素质的重要体现，是惠及个体终身的能力，也是幼儿全面、可持续发展的基础，在幼儿一生发展中占据着极其重要的地位。意大利幼儿教育家蒙台梭利指出，教育的意义是为完美一生做准备、打基础的。它不仅仅是为入小学做准备，还是为儿童的一生奠定品格和智慧的基础。可见，启迪智慧的原则与素质教育、终身教育的理念是高度契合的，两者相互促进、密不可分。对幼儿实施素质教育有利于启迪幼儿的智慧，而启迪幼儿智慧也

有利于提升幼儿的素质。启迪智慧的原则有利于我们以更加宽广的视野来审视教育，同时也有利于我们进行素质教育、终身教育，以及开发幼儿潜能，培养幼儿创造力的自觉性。

2. 启迪智慧原则符合教育心理学规律

近年来，大量的研究表明，学前期是幼儿心理发展的敏感期，也是智慧形成的黄金时期。在幼儿智慧形成的过程中，教育发挥着至关重要的作用。认知主义心理学家皮亚杰认为，教育的目的在于培养幼儿的创造力，而非重复前人的行为。皮亚杰主张教师应激发幼儿的兴趣、好奇心和求知欲，鼓励幼儿自由、自主地进行探索，培养幼儿强烈的积极性、主动性和创造性。幼儿由于身心处于初步发育的阶段，对世界的认知、情感、态度和各种能力尚处于蒙昧状态，需要教师的开启、引导。教师的重要作用就是充当幼儿的引路人和脚手架，在教育教学过程中采用启发式教育方式，激发幼儿的兴趣，培养幼儿浓厚的求知欲、探求欲和创造性思维，鼓励幼儿主动学习、探索性学习，培养幼儿独立发现问题、思考问题和解决问题，协助幼儿掌握生存技能、学习技巧和协作能力，并促进幼儿的创新思维和实践能力的提升，以帮助幼儿构建虽为初级但较为完备的知识框架，引导幼儿根据已有的生活经验进行自主建构，为幼儿的可持续性发展奠定坚实的基础。因而，在幼儿课程建设过程中，需要用艺术、科学、音乐等对幼儿进行全脑开发，尤其是右脑开发，开启幼儿的智慧，以便为幼儿的终身发展奠定良好的基础，反对单纯进行知识传授的传统的填鸭式教学方法。

（二）培养良好习惯

培养幼儿良好的习惯是乡村学前教育特色课程建设必须遵循的重要原则。良好习惯的养成关系到幼儿教育成败和幼儿可持续发展程度，具有极其重要的作用。所以，应当将培养幼儿良好习惯的教育纳入教育的核心原则和内容之中，以确保其能够全面发展。《幼儿园教育指导纲要》强调要“与家长配合，根据幼儿的需要建立科学的生活常规。培养幼儿良好的饮食、睡眠、盥洗、排泄等生活习惯和自理能力”。《幼儿园工作规程》强调：“幼儿园日常生活组织，要从实际出发，建立必要的合理的常规，坚持一贯性、一致性和灵活性的原则，培养幼儿的良好习惯和初步的生活自理能力”，要“促进幼儿身体正常发育和机能的协调发展、增强体质，培养良好的生活习惯、卫生习惯和参加体育活动的兴趣”。《关于进一步办好幼儿学前班的意见》强调要“培养初步的学习习惯”“培养幼儿力所能及的生活自理能力和劳动习惯”。

乡村学前教育特色课程建设之所以必须遵循培养良好习惯的原则，是因为以下几个方面的原因：

1. 幼儿期是进行习惯养成教育的最佳时期

幼儿时期是一个人人生关键的时期。在这一时期，幼儿的身心处于刚刚发育状态，幼儿对新生事物的敏感性最高，幼儿的情感最容易受到感染、可塑性最强，因而他的行为习惯也最容易养成。幼儿时期是人生习惯的黄金时期。有效利用这一时期对幼儿进行习惯养成教育，就会达到事半功倍的效果，错过了这一黄金时期再进行教育，其难度和成本就会陡然增加，但收效却很难遂人意，甚至还会造成无法弥补的损失。中国著名幼儿教育家陶行知认为六岁以前是人格陶冶最重要的时期。儿童在这个时期培养得好，以后只需顺着他继长增高地培养下去，他自然会成为社会的优良分子；如果培养得不好，那么，习惯成了不易改，倾向定了不易移，态度决了不易变。这些儿童升到学校里来，教师需费尽九牛二虎之力去纠正他们已形成的坏习惯、坏倾向、坏态度，真可算事倍功半。著名幼儿教育家陈鹤琴在其发表的《我们的主张》一文中，系统地提出了关于幼稚教育的十五条主张，其中一条就是主张幼稚园要使儿童养成良好的习惯。陈鹤琴强调，幼稚期（自生至七岁）是人生最重要的一个时期，个体习惯、言语、技能、思想、情绪都要在此时期打下一个基础，若基础打得不稳固，那健全的人格就不容易建造了，人类的动作十分之八九是习惯，而这种习惯又大部分是在幼年养成的，所以在幼年时代，应当特别注意习惯的养成。因此，必须紧紧抓住幼儿期这个习惯养成的关键期进行教育。

2. 良好习惯的养成会使幼儿受益终生

习惯是指某种稳定的、长期的、历久不变的方式或模式，包括好习惯和坏习惯。无论是好习惯抑或是坏习惯，一旦形成，都会产生强大的路径依赖，都会对幼儿的未来产生持续、深远的影响。孔子曰："少成若天性，习惯如自然。"著名教育家叶圣陶曾精辟地指出："什么是教育？一句话，就是要养成良好的学习习惯。教育就是习惯的养成""习惯不是一律的，有好有坏；习惯养得好，终身受其福，习惯养得不好，则终身受其累"。陈鹤琴强调，"活教育"要重视儿童养成良好的习惯。古希腊学者柏拉图主张幼儿早期应以发展身体为主，后期应以培养良好的习惯为主。古希腊"三杰"之一的亚里士多德认为，良好的习惯是个体自我实现的基本手段，习惯是通往善和优秀的重要途径，一个人可以通过三件事情成为善和优秀。这三件事情是天性、习惯和理性。近代著名教育家杜威主张培养儿童好奇心、好问心、探索心等好习惯，而不能为了求知而求知。他认为良好的习惯是儿童探究能力和创造性形成和发展的基础。可见，良好习惯一旦养成，就会为幼儿的将来发展奠定良好的基础，使幼儿受益终生，因而必须将培养良好习惯作为学前教育特色课程建设的重要原则。

（三）传承地方文化

乡村学前教育特色课程建设必须遵循传承地方文化的原则。文化这是一个比较难定义的概念。据统计，世界上给文化下定义的权威说法就有两百多种之多。文化的范畴可以被划分为广泛和狭隘两个方面。广义的文化主要指的是人类所创造的物质和精神成果的综合体，涵盖了物质、制度和精神三个方面的文化内涵；狭义的文化指的是一种精神层面的文化，与经济、政治并列，涉及人类社会生活的思想道德、科学文艺等方面。文化的本质在于塑造人类的人格和价值观，文化更多地指的是人化和化人。"'人化'是按人的方式改变、改造世界，使任何事物都带上人文的性质；'化人'是反过来，再用这些改造世界的成果来培养人、装备人、提高人，使人的发展更全面、更自由。'化人'是'人化'的一个环节和成果、层次和境界。"文化的本质和功能之一是"化人"，这种"化人"指的是以文化为媒介，以潜移默化的方式渗透人人的内心深处，由此，就能够实现改变人、改造人的最终目标，这与古人所倡导的"观其人文，以化成天下"的内在精神相吻合。

地方文化，顾名思义，就是在民族传统文化的基础上形成的、在某一地域内具有鲜明地域特色和浓郁地方气息、为地方民众所高度认同和自觉践履的文化。

在全国科学技术名词审定委员会的定义当中，地方文化则指的是“与特定区域相联系的文化，一般来说其范围有限，并可能与整个社会的主流文化不同或为其分支”“一方水土孕育一方文化，一方文化影响一方社会”，各地不同的地理环境、不同的民俗风情习惯，孕育了具有鲜明特色的地方文化，这种地方文化又无时不有、无处不在地滋养着一方人。地方文化不仅包括地方的历史文化，也包括现代文化；它不仅是历史的、也是现实的。乡村学前教育所要传承的地方文化，就是乡村幼儿园所在地区的地方文化。

在搞清了文化和地方文化的概念之后，接下来的问题是：为什么乡村学前教育必须要传承地方文化？换言之，就是为什么要将传承地方文化作为乡村学前教育的基本原则？

乡村学前教育必须遵循传承地方文化的原则，原因如下：

1. 传承地方文化有利于保持文化的多样性和生活样式的丰富性

在学前教育中，传承地方文化是保持文化的多样性和生活样式的丰富性的必需。对幼儿实施地方文化教育，有利于实现地方文化的代际传承和永续发展。地方文化是民族文化的重要组成部分，是民族文化的底色和灵动的色彩，具有丰富的民族文化底蕴。如果说民族文化是基因型，那么，本土文化（或称乡土文化）就是民族文化的表现型。保护和发展地方文化有利于促进文化的多样性，而文化的本质就是人化，是人的生活样式，因而，保护和发展地方文化也有利于保持人的生活样式的多样性。

传承地方文化与保持文化多样性的全球趋势是一致的。促进文化的多样性是近年来国际社会大力倡导的重要理念。传承地方文化的重要性在于：只有具有地方特色的，才可能是全国的；只有是民族的，才是世界的。只有传承地方文化，才有利于保持文化的多样性，有利于文化之间的相互交流，才能实现文化的繁荣和发展。从国际上看，文化的本土化和全球化两股潮流并行不悖、交相辉映，从而使文化呈现出百家争鸣、多姿多彩的局面。从国内范围看，保护和发展地方文化是保护和发展民族文化的重要路径，也是中国政府大力推进的文化发展战略。

传承地方文化也与地方文化的发展困境息息相关。近年来，随着全球化、现代化、城市化的推进，很多地方文化被视为落后、狭隘的文化，甚至被抛弃，因而很多地方文化正面临着衰落、甚至灭绝的危险。文化是课程资源的重要来源，文化是课程的母体，离开文化，课程将成为无源之水、无本之木。同时，课程是文化传播和发展的重要手段。学前教育课程建设遵循传承地方文化的原则，在学前教育中渗透地方文化，正是拯救地方文化并使之发扬光大的重要举措。幼儿是地方文化的传人，传承地方文化，有利于培养具有传承、发展和创新本地文化意识的一代新人，有利于使地方文化能够代代相继、薪火相传，并且绽放出新的时代光芒。

2. 传承地方文化有利于幼儿的生活经验建构

幼儿学习是通过幼儿与环境互动的过程实现的。学前教育必须尊重幼儿身心发展的规律和学习的特点，而传承本土文化符合乡村幼儿的学习特点，符合幼儿教育规律。幼儿思维的极其重要的特点就是具体、形象、直观、感性。由于幼儿年龄尚小，身体尤其是大脑还未发育成熟，因而思维不发达，不可能像小学生那样通过学科教学获得间接知识，而只能通过生活经验进行建构，通过在环境中与他人共同生活来获得经验，并在生活中发展、在发展中生活。幼儿学习的特点和方式就是以已有的生活经验为基础，通过同化和顺应的方式来主动建构新的生活经验，形成新的知识结构。因而，幼儿教育的重要特点就是教育生活化、生活教育化。对幼儿而言，在某种意义上讲，生活就是教育、教育就是生活，两者是紧密相连、密不可分的，这也是中外幼儿教育家大力倡导生活化教育的重要原因所在。

乡村学前教育的成功离不开具备一定物质和文化基础的环境，而地方文化则是构成乡村学前教育文化基础的重要元素。由于这些地方文化与幼儿的生活经验比较贴近，容易为幼儿所理解和接受，使在不知不觉中获得理解和感悟；也容易激发幼儿强烈的求知欲和探索欲，非常有利于幼儿的生活经验建构，因而深受幼儿喜爱，教育教学效果也好。长期浸润在地方文化的海洋里，幼儿就会在愉快、轻松的环境中不知不觉得到陶冶，心灵得到温润、童心得以保持，身心也逐渐得到发展。从人生起点开始进行文化遗产的多样性保护，在幼儿园的教育教学中，融入乡土文化知识，是一种文化自觉和自信，对推进素质教育有着重要且深远的意义。

3. 传承地方文化有利于增进幼儿对祖国、人民和家乡的感情

对于幼儿来说，祖国和人民这些概念是比较抽象。但是，家乡这个概念对于幼儿却是可感、可亲的。幼儿对家乡的感情可以借助于地方文化这些载体得以建立和提升。地方文化承载着地方民众的记忆，储存着地方民众的发展基因，是维系地方民众的血脉和维系民众之间关系的感情纽带和精神家园，深深熔铸在地方的生命力、凝聚力和创造力之中。地方文化是幼儿的呼吸空间和精神食粮，幼儿对生于斯、长于斯的地方文化自然有一种天然的亲近感，因而容易接受。对于生于斯、长于斯的幼儿来说，地方文化是儿童亲近父母、亲近乡亲、亲近家乡的好教材，也是培养儿童热爱祖国、热爱人民、热爱民族的基本的、必要的内容。传承地方文化有利于培养幼儿对地方文化和对家乡的热爱，将这种对地方文化和对家乡的热爱进一步扩展，就可以发展成为对国家、对民族的热爱。因而，传承地方文化就成为培养幼儿对家乡、对祖国、对人民感情的有效形式。

（四）凸显“农”味特色

在乡村学前教育的课程建设中，必须注重打造独具特色的课程体系。教育应当以本民族、本地方的独特特色、精神、传统和特点为基础，以此为反映，充分表现教育的全面性和深度。所谓特色，就是具有鲜明的个性和与众不同之处。乡村学前教育的与众不同之处，就在于其乡村这一独特的地理环境。因而，乡村学前教育必须根据中央精神，结合乡村特点，尽量凸显“农”味特色，建设具有浓郁乡村特色的园本课程。

之所以将凸显“农”味特色作为乡村学前教育的重要原则，主要源于以下几个方面的原因：

1. 利用乡土资源进行情景教学活动，具有坚实的哲学基础

具体问题具体分析是辩证唯物主义的活的灵魂。辩证唯物主义认为，世界上一切事物都充满矛盾，每一事物的矛盾又各有特点，因而个体在做事、想问题时，必须坚持矛盾的普遍性和矛盾的特殊性相统一的原则，依据事情的不同情况采取不同的应对措施，否则，既无从认识世界，更无从改造世界。在中国广袤的土地上，幼儿园的实际情况因地域差异而异，城乡之间的差距也十分明显。因而，在

学前教育课程建设方面没有也不可能有统一的教育模式，乡村幼儿园必须依据乡村幼儿园的实际，建设乡村园本课程，而不能照抄照搬城市幼儿园教育模式，否则就会造成水土不服的后果，贻害无穷。

2. 凸显“农”味特色，符合教育心理学规律

凸显“农”味特色原则，不仅具有坚实的哲学基础，而且也符合教育心理学规律。建构主义理论认为，知识学习的实质是学习者主动建构内部心理意义的过程，学习意义的建构是学习者以原有的知识经验为基础，以一定的社会文化环境为中介，主动对新知识和信息进行建构，从而形成新的知识。建构主义特别强调情境对于知识学习的重要性，认为人们都是在一定的情境中建构知识的意义和意义系统，因而提倡让学生在具体环境中学习，强调为学习者创造适宜的学习环境。在建构主义看来，幼儿学习是幼儿与环境交互作用的过程。在这一过程中，幼儿不是简单地适应环境，而是根据自己的经验主动建构知识。幼儿既有的生活经验在幼儿的建构过程中发挥着拐杖和脚手架的作用。如果离开了既有的生活经验的支撑，幼儿的经验建构将会无所依凭，自然也就无法理解和掌握知识。

根据建构主义理论，学前教育应当以幼儿的日常生活和感性经验为基础，通过内容选择和课程组织的有效对接，将教育融入幼儿的生活和实际中去。陶行知强调生活即教育，社会即学校、教学做合一，主张乡村幼稚园应以农村的实际生活为教育指南，紧密与农业、农民和农村相结合。陈鹤琴强调，所有的课程都要从人生实际生活和经验中选出来，切合人生的课程内容是儿童的一饮一食、一草一木。幼儿园的学习效果和学习内容与幼儿生活经验的接近程度是成正比关系的。幼儿园的课程内容与现实生活越接近，越能引起幼儿的学习兴趣，越容易使学习内容与幼儿的经验产生共鸣，学习效果也就越好。当幼儿的生活经验成为课程内容的灵感来源，而活动的主题和内容引起了他们的浓厚兴趣和热情的时候，就能够有效促使他们更加积极地运用自己的思维去探索、发现和尝试。因而，《幼儿园教育指导纲要（试行）》特别强调：“城乡各类幼儿园都应从实际出发，因地制宜地实施素质教育，为幼儿一生的发展打好基础。”遵循这一要求，乡村学前教育必须以幼儿熟悉的农村生活经验为基础，在“农”字上下功夫、做文章，为幼儿创设独具匠心的“农”味环境，引导幼儿进行主动建构、丰富和更新幼儿生活

经验，提升幼儿适应环境、改造环境的能力，促进儿童全面的、基础的、素质的适宜性发展。

3. 凸显“农”味特色，具有重要的价值

凸显“农”味特色原则，不但具有坚实的哲学基础、符合教育心理学规律，而且还具有重要的价值，其价值的重要表现之一，就是有利于增进幼儿对家乡、对国家、对社会、对民族的感情。

增进幼儿对家乡、对国家、对社会、对民族的感情是学前教育要实现的基本目标之一。《幼儿园教育指导纲要（试行）》强调要培养幼儿“爱父母长辈、老师和同伴，爱集体、爱家乡、爱祖国”的感情，但这种对父母长辈、老师和同伴，对集体、家乡和祖国的热爱不是一朝一夕就能产生的，而是一个长期的渐进过程；不是无所依凭的，而是必须借助一定的手段和载体。乡土环境就是一个绝好的手段和载体。乡土环境是幼儿生活的空间，是幼儿可感可知的真实环境。幼儿对自己日常生活的乡土环境自然有一种天然的亲和力。长期浸润于“农”味十足的环境中，幼儿可以感受家乡文化的魅力和巨大变化，从而油然而生对家乡的自豪感和热爱之情，萌发幼儿热爱农村、建设农村、献身农村的思想，进而，可以萌发幼儿对国家、对社会、对民族、对世界的感情。

二、特色课程建设的内容

乡村特色课程建设的主体和核心是乡村特色课程的内容建设。乡村特色课程建设主要包括传统美德教育、历史文化教育、环境保护教育、习惯养成教育等四个方面。

（一）传统美德教育

乡村特色课程建设的首要内容就是对幼儿进行传统美德教育。道德是用于调整、规范和约束人民言行的基本规范。对幼儿进行传统美德教育，就是以中华民族传统美德为素材对幼儿进行教育，使之成为中华民族传统美德的传承者，使中华民族的传统美德不断发扬光大。

中华民族是一个高度重视道德教育和道德修养的国家，一贯奉行“德行为先”

的观念。孔子要求弟子要“志于道、据于德，依于仁、游于艺”。朱熹主张道德教育要从小开始，自小便教之以德以尚德不尚力之事。东汉的王充认为：“子初生意于善，终以善；初生意于恶，终以恶”，主张“自幼：教告率勉，使之为善。”从某种意义上说，中国古代政治就是道德政治。这些传统美德是中华民族优良品质的重要体现，是中华民族宝贵的精神财富，值得我们永远珍视和传承。幼儿期是个体良好品德初步养成的黄金时期，因而应抓住这一关键时期对幼儿进行粗浅的中华民族传统美德教育，使之形成对中华民族传统美德初步的认知、态度和情感，并进而转化为初步的道德行动。

对幼儿进行中华民族传统美德教育，必须以爱国主义为核心。爱国主义是中华民族在长期的历史演进过程中所形成的对祖国的深厚感情，是一种对自己生长的国土和民族所怀有的深切依恋之情，是“先天下之忧而忧，后天下之乐而乐”的赤子情怀、“捐躯赴国难，视死忽如归”的献身精神、“国家兴亡，匹夫有责”的责任意识、“苟利国家生死以，岂因祸福避趋之”的坦荡胸怀。爱国主义能够鼓舞人心、激发士气，还能够在很大程度上有效维护祖国统一和民族团结，更是推动中华民族实现伟大复兴的不竭动力。热爱祖国、珍爱同胞等，都能够彰显爱国主义精神。热爱国家是一个人对祖国最真挚、最深厚的感情。中华民族的传统美德之一就是爱国主义，自古以来，无数人为了实现祖国的统一，维护祖国的和平，以及推动祖国走向繁荣富强，无怨无悔、无私奉献、呕心沥血，充分彰显了爱国主义精神。在社会主义现代化建设和实现中华民族伟大复兴的历史征程中，我们仍然需要高扬爱国主义旗帜，需要对公民，包括幼儿进行爱国主义美德教育，以培养公民包括幼儿的爱国主义美德。

对幼儿进行中华民族传统美德教育，必须进行自强不息精神的教育。自我奋斗的精神是一种不屈不挠、勇往直前的奋斗精神，是永不满足、勇攀高峰的进取精神，也是不断创新、勇于探索的创新精神。它是一个民族兴旺发达的动力源泉，也是推动社会前进的巨大精神力量。中华民族的生命力和发展动力，源自于自强不息的精神，这种精神是源源不断、代代相传的。因而必须对公民，包括幼儿进行自强不息的美德教育，以培养公民包括幼儿的锐意进取、坚韧不拔的优秀品质。

对幼儿进行中华民族传统美德教育，必须进行勤俭节约精神的教育。勤俭节约是中华民族的传统美德，古代圣贤强调“忧劳可以兴国，逸豫可以亡身”“克勤于邦，克俭于家”，强调静以修身，俭以养德。勤俭节约精神是中华民族得以在艰苦的环境中生存和不断发展的重要精神支撑，也是需要我们发扬光大的一种美德。幼儿作为将来的建设者，理当接受这种精神教育并不断光大这种精神。

中华民族历来高度重视诚实守信，认为这是成事之基、立人之本，强调“言必行、行必果、诺必践”，强调要对儿童“言语问答、教以诚实、勿使欺妄”。乡村学前教育课程应当加强对幼儿的诚信意识和信誉意识教育，帮助幼儿从小养成诚实无欺的好习惯。

此外，还要对幼儿进行孝敬父母、尊老爱幼、关爱他人、服务社会等传统美德教育。

对幼儿进行中华民族传统美德教育，其目的在于通过传统美德教育，使幼儿对传统美德形成初步的道德认知、情感、态度，并产生相应的道德行为，使中华民族传统美德得以传承并发扬光大，同时借以促使幼儿养成良好的道德修为，提升幼儿的道德品质，增强幼儿的道德自律，使之成长为一个有德性的人。

对幼儿进行中华民族传统美德教育，必须以辩证唯物主义为指导，反对将传统道德一律视为精华或糟粕的极端思维。我们要传承的是中华民族传统道德的优秀部分，而传统道德往往是精华和糟粕杂糅在一起，因而需要我们对中国传统道德进行认真甄别，将精华从糟粕中小心剥离出来，进行批判性继承、创造性转换，使之与现今时代的道德要求相对接。

（二）历史文化教育

乡村学前教育课程建设，应挖掘课程的人文内涵，加强对幼儿进行历史文化教育，让幼儿从小了解地方独具特色的历史文化、中华民族悠远灿烂的历史文化和世界丰富多彩的历史文化，在他们幼小的心里播下爱国、爱家、爱世界的种子，从而激发他们对地方和民族的自豪感，使他们树立为家乡、为祖国和为世界做贡献的伟大理想。《幼儿园教育指导纲要（试行）》强调：“充分利用社会资源，引导幼儿实际感受祖国文化的丰富与优秀，感受家乡的变化和发展，激发幼儿爱家乡、爱祖国的情感。”

第一，乡村学前教育课程建设要加强对幼儿进行地方历史文化教育。地方文化是幼儿的血脉所系、根源所在，是滋养幼儿心灵的文化琼浆，也是幼儿进行知识经验建构的基础所在。在幼儿教育过程中，要对地方文化进行精心分类和细心筛选，将其整合进学前教育课程，使之成为学前教育的重要课程资源，为幼儿营造一个富含人文气息、洋溢浓郁乡情的适宜成长环境，使幼儿在现实生活中体验、汲取家乡的文化，丰富社会知识和经验，使幼儿感受、体会地方文化，增进对家乡历史文化的认知，萌发对地方文化和家乡的热爱之情，生发幼儿弘扬优秀的地方文化和建设美丽家乡的自觉担当意识。

第二，乡村学前教育课程建设需要加强对幼儿进行中华民族悠久历史和灿烂文化教育。中华民族是一个五千多年悠久历史的伟大民族，中华民族在悠久的历史进程中，创造了光辉灿烂、泽被后世的伟大文化。优秀民族文化是中华民族的血脉，凝聚了全民族的智慧和汗水，是中华民族宝贵的精神财富。在幼儿的成长过程中，进行民族传统文化的启蒙教育是至关重要的，因为只有在刻意营造的传统文化氛围中汲取中国传统文化的精髓，才能促进幼儿的健康成长。通过中华民族悠久的历史和灿烂文化的教育，可以使幼儿增进对中华民族悠久历史和灿烂文化的了解，激发幼儿对祖国丰厚的历史文化遗产的热爱和自豪之情，进而产生对伟大祖国的热爱和自豪之情，催生幼儿续写民族辉煌历史、传承悠久文化的责任感和担当意识，做中华民族历史文化的忠实传人。

第三，乡村学前教育课程建设还要对幼儿进行粗浅的世界历史文化教育，以丰富幼儿知识、开阔幼儿视野，萌发幼儿热爱世界和人类的情感。《幼儿园教育指导纲要（试行）》强调，要“适当向幼儿介绍我国各民族和世界其他国家、民族的文化，使其感知人类文化的多样性和差异性，培养理解、尊重、平等的态度”。作为未来社会的建设者和社会主义的接班人，幼儿不仅要有家国意识，还要有世界情怀；不仅要爱家、爱国，还要爱世界、爱人类。因而，乡村学前教育课程建设除了进行地方历史文化和民族历史文化教育外，还要进行初步的世界历史文化教育。

（三）环境保护教育

乡村学前教育特色课程建设的内容除了传统美德教育、历史文化教育外，还必须进行环境保护教育。《幼儿园教育指导纲要（试行）》强调，要“爱护动植物、关心周围环境，亲近大自然，珍惜自然资源，有初步的环保意识”。《中国儿童发展纲要（2011—2020 年）》规定：“增强儿童环保意识。开展环境和生态文明宣传教育，鼓励儿童积极参与环保活动，引导儿童践行低碳生活和绿色消费。”无论是《幼儿园教育指导纲要（试行）》还是《中国儿童发展纲要（2011—2020 年）》，都强调要加强对幼儿进行环境保护教育，增强幼儿的环保意识。

环境是人类生存的基本条件，也是人类赖以生存的基础和家园。近年来，随着工业化、城市化步伐的加快，环境污染、资源短缺已成为社会公害，保护环境已经成为我们刻不容缓的责任和义务。增强环保意识、着力保护和改善环境，建设美丽家园是中华民族的每一分子义不容辞的神圣职责。党的十八大报告强调“建设生态文明，是关系人民福祉、关乎民族未来的长远大计。面对资源约束趋紧、环境污染严重、生态系统退化的严峻形势，必须树立尊重自然、顺应自然、保护自然的生态文明理念，把生态文明建设放在突出地位，融入经济建设、政治建设、文化建设、社会建设各方面和全过程，努力建设美丽中国，实现中华民族永续发展”。加强环境保护、建设美丽家园，是每一个公民义不容辞的责任。

环境保护是一项系统工程，需要我们做的工作很多，其中一项极其重要的工作，就是进行环境保护教育。而要进行环境保护教育，就必须及早进行，要从娃娃抓起。幼儿处于身心发展的初期和世界观、自然观萌发的时期，对外界的敏感度高，接受新事物的积极性强、可塑性大，因而在这一时期进行环保教育效率最高、收效最好。同时，幼儿作为生态文明的未来建设者，肩负着资源环境与社会和谐发展的历史重任，对幼儿进行环境保护教育，对于幼儿习得环保知识和技能，萌发初步的环境保护意识，并进而产生环保行为，都具有极其重要的作用。

对幼儿进行环保教育应当注重体验教育。在这方面，瑞典的环境保护教育模式为我们提供了很好的范例。瑞典从多森林的国情出发，创设了一所森林幼儿园，开发了森林幼儿园课程模式。该课程模式遵循以下原则：一是教学方法要使儿童对知识、活动和归属感的需要从自然中获得；二是在一年中不同的天气里，通过儿童在森林、湖泊、高山等地共同玩耍，习得与自然相处和保护自然的能力；三是与家长合作，保证高质量的户外活动，增进幼儿对自然知识的掌握，深化对自然中相互依存关系的认识及对自然脆弱性的体会，从而改变幼儿对自然的态度。乡村幼儿环境保护教育应大胆吸收和借鉴森林幼儿园课程模式，带领幼儿走向广阔的大自然，进行体验教学，而不应仅仅囿于幼儿园之一隅，应以丰富幼儿的生活经验和情感体验，为幼儿进行新的生活经验建构创造条件。幼儿是自然之子，对自然有着天生的亲近感。苏联教育家苏霍姆林斯基认为“大自然是第一本教科书”。无独有偶，中国著名幼儿教育家陈鹤琴也提出了类似的观点，大自然、大社会是一本无字的书、活的书；是我们的活教材、活教师。大自然是一本读不完的、活生生的书，看不够的美妙画卷，是孩子们成长的最好课堂。走进大自然，可以让孩子走进生活，用自己的眼睛去发现世界、认识世界，利用自然环境陶冶幼儿的性情、培养美德、塑造美好心灵，萌发幼儿的环保意识。

对幼儿进行环保教育应当注重示范教育。美国心理学家班杜拉的社会学习理论认为，幼儿的学习主要是观察学习，而非刺激反应学习；儿童心理发展既依赖于内部条件，也与强化榜样学习所起的作用密切相关。因而，班杜拉强调，教育必须高度注重榜样的示范效应，应通过奖励或惩罚的方式对幼儿的行为给予正向强化或负向强化，以提高或减少相应行为发生的概率。教师应充分利用幼儿喜欢模仿、善于模仿的天性，进行行为示范教育，通过自己的身体力行和言谈举止，对幼儿进行潜移默化的行为示范，以此带动幼儿的效仿，从而使幼儿萌发环保理念并自觉践行。

（四）习惯养成教育

乡村学前教育特色课程建设的内容除了传统美德教育、历史文化教育、环境保护教育外，还必须包括习惯养成教育。

习惯，亦作“习贯”，原谓习于旧贯，后指经过长期积淀所形成的程序化的、自动化的、难以移易的行为定式，是人在一定情境下潜意识地、不假思索地从事某种行为的倾向。

习惯一旦形成，就会形成强大的路径依赖和巨大的形塑力。它无声无息、但却恒久绵长地影响和塑造着人们的思维和行为模式，成为人个性的一部分，对人的一生产生深远的影响。好习惯养成受用一生，坏习惯养成则贻害无穷。良好习惯的养成对人的发展至关重要。

1. 习惯养成必须抓住关键时期

幼儿期是一个人习惯养成的关键时期。教师应当抓住这一黄金时期，利用幼儿好奇心强和善于模仿的心理特点对幼儿进行教育。经过日积月累，幼儿就会习惯成自然，就会固化，形成一种行为模式、行为定式和行为倾向，成为一种自觉的行动选择。

2. 习惯养成教育应先进行良好的生活习惯养成教育

《幼儿园教育指导纲要（试行）》目标强调：生活、卫生习惯良好，有基本的生活自理能力；内容和要求包括培养幼儿良好的饮食、睡眠、盥洗、排泄等生活习惯和生活自理能力。幼儿教育要对幼儿进行卫生保健知识教育，注重培养幼儿良好的生活、卫生习惯，包括身体、服饰的清洁、卫生整洁习惯；良好的饮食起居习惯，如饭前洗手、饭后漱口、按时起床等习惯；保持环境整洁的习惯等，如不随地吐痰、不高声喧哗、不乱扔果皮纸屑、不践踏草坪等。

3. 习惯养成教育要对幼儿进行良好的学习习惯养成教育

要通过幼儿园硬件、软件环境的科学创设、形式多样的幼儿文体活动的积极开展、幼儿园与家庭的良性互动、进行个别指导有针对性的等方式，及时矫正幼儿不良习惯，帮助幼儿养成积极动手、动脑的习惯，培养良好的阅读习惯、自主探究的习惯、注重效率的习惯等。

4. 幼儿习惯养成教育要对幼儿进行社会交往习惯养成教育

人作为社会性动物，社会交往是人类生存的根本需求。社会交往是幼儿生长发育和个性发展之必需，也是幼儿逐渐完成社会化的过程。幼儿园要通过同伴交往、亲子交往和社区交往三个层面的活动，增强幼儿与同伴、家庭和社区的互动，帮助幼儿形成使用文明语言、主动与人交往、增强社会规则意识等良好的社会交往习惯。

5. 为了培养幼儿良好的体育习惯，必须对其进行习惯养成的教育和训练

良好的身体素质是幼儿学习和生活的必要前提和物质基础，其重要性不言而喻。因此，必须加强幼儿体育习惯养成教育。要经常进行空气浴、日光浴和水浴锻炼，经常进行其他各种体格锻炼，以增强幼儿的体质，培养幼儿参加体育活动的兴趣和习惯。

6. 幼儿习惯养成教育要对幼儿进行环境保护习惯的养成教育

应使幼儿从小养成良好的环保习惯，并形成初步的环保意识。

三、特色课程实施的手段

前面两节论述了乡村学前教育特色课程的原则和内容，那么，究竟应通过什么样的方式来贯彻这些原则、推进特色课程内容的实施呢？这就涉及特色课程实施的手段问题。概而言之，特色课程实施的手段主要有以下几种：

（一）利用乡土资源，进行情景教育活动

幼儿教育主要指的是幼儿与周遭环境互相作用、互相影响的过程。乡村学前教育的重要课程资源之一，是为幼儿提供的主要生活环境的乡土资源。一般而言，乡土资源主要是指幼儿园所在社区所拥有的自然生态和文化生态方面的丰富资源，包括但不限于乡土民情、风俗传统生产和生活经验等多方面。

利用乡土资源，进行情景教学活动，符合学前教育规律。中外幼儿教育学家、心理学家认为，学前教育要以促进儿童健康成长为根本宗旨，遵循幼儿身心发展规律和教育规律，尊重幼儿个性特点，注重幼儿教育的本土化。唯有如此，才能符合幼儿的认知特点，才能更好地促进幼儿身心健康、和谐发展、全面发展。杜威、陶行知、陈雪琴、张学门等幼儿教育家、心理学家等极力倡导生活化教育，认为生活即教育、教育即生活，教育和生活对于幼儿而言，是一体两面，密不可分的。杜威强调，儿童课程的设置必须以儿童为中心，以儿童的活动和经验为内容，一个课程计划必须考虑课程能适应现在社会生活的需要；选材时必须以改进我们的共同生活为目的，使将来比过去更美好。著名教育家陈鹤琴曾提出“大自然、大社会都是活教材”的主张，提倡农村幼儿园应挖掘、利用农村的自然、社

会资源，以及利用农村自然社会环境进行教育，形成农村特色，从而有效地促进幼儿的发展。张雪门强调幼稚园课程必须注重幼儿的直接经验。利用乡土资源，进行情景教学活动的教育方式，就是以幼儿既有的生活经验为基础，鼓励幼儿进行自主建构的方式，其符合教育理论和规律。

第一，利用乡土资源，进行情景教学活动，符合学前教育世界潮流和中国学前教育政策。《世界全面教育宣言》指出："教育的内容、材料并非新的、城市化的、洋的才是好的，要让当地的民间游戏、歌谣、手工艺等成为重要的教育内容和材料。""教师要认识到农村具有传统的知识和本土文化遗产，具有固定的价值和效力，并能促进发展。"《幼儿园教育指导纲要》指出："环境是重要的教育资源，应通过环境的创设和利用，有效地促进幼儿的发展"，强调"幼儿园要充分挖掘周边资源，确立以幼儿发展为本的理念，多元整合课程，为幼儿终身发展奠定基础""城乡各类幼儿园教育应从实际出发，因地制宜地实施素质教育，为幼儿一生的发展打好基础"，要"开发优化本土资源，探索有效实施途径，提高幼儿整体素质""充分利用自然环境和社区的教育资源，扩展幼儿的生活和学习空间"。广东省教育厅出台的《关于加快农村学前教育发展的意见》明确提出：要"因地制宜，构建具有农村特色的幼儿园课程。要注重从农村实际出发，充分挖掘和利用农村丰富的自然和社会文化等资源，如当地民间游戏、歌谣和手工艺品，自制丰富的教学设施和教学玩具，丰富教育活动内容，萌发幼儿保护和改善自然环境的最初意识，增强幼儿爱家乡的意识"。可见，充分利用当地资源，因地制宜、就地取材的教育方式，是与世界潮流和中国学前教育政策高度契合的。

第二，利用乡土资源，进行情景教学活动，有利于突破乡村人、财、物资源匮乏的瓶颈制约。由于位置偏僻、经济落后，以及历史上形成的城乡二元体制，导致乡村幼儿园办园条件差，办园资源严重短缺，如优秀的教师资源匮乏、财力资源紧张、玩教具，如幼儿玩具、图书、音像匮乏，活动设施、体育设施、游戏设施陈旧、落后、欠缺；社区资源不足，科技馆、展览馆、游乐场、图书馆等资源严重不足。资源短缺对乡村学前教育发展造成了严重的影响，成为制约乡村学前教育发展的主要瓶颈。要打破这一瓶颈制约，弥补乡村资源的不足，除了积极争取国家和地方政府加大投入之外，就是要因地制宜、就地取材，最大限度地利用和开掘乡村各种资源，以弥补乡村幼儿园教育的人力、物力、财力资源的不足，促进学前教育又好又快的发展。

利用乡土资源，进行情景活动，需要充分利用好以下三种资源：

1. 充分利用乡村自然资源

大自然是一个巨大的宝库，储存着丰富的资源，是学前教育取之不尽用之不竭的宝贵资源。苏霍姆林斯基说：大自然是第一本教科书，是世界上最有趣的老师，她的教益无穷无尽，强调让教育回归真实的生活，让幼儿回归自然的环境。陈鹤琴指出，做教师的不愿多事且以带领学生到野外游玩为麻烦，所以学生就失去了与自然界相接触的一种良好的机会。要知学问不仅仅是在书本中求得的，也应在自然界求得。

利用乡村自然资源进行乡村特色课程建设，可以开展走进自然活动，鼓励与大自然进行亲密接触。乡村幼儿园虽然在硬件设施上不如城市幼儿园，但在自然资源上却具有得天独厚的优势，只要善于利用、利用得当，就可以收到意想不到的神奇效果。教师应经常带领幼儿走出狭小的幼儿园，走向广阔的大自然，到自然中去看一看、听一听、闻一闻、摸一摸，感知自然界的脉动、感受自然界的魅力、探索自然界的奥秘，以此加深幼儿对自然界的认识和理解，培养幼儿对自然的热爱和敬畏之情。教师可以带领幼儿在草地上尽情游戏、玩耍，到田野、树林听鸟语、闻花香、拾落叶、捉小虫；带领幼儿游览当地的风景名胜，开展以自然为主题的活动，如《美丽的秋天》主题活动等；利用乡村丰富的种子资源开设种植课程，开展采摘棉花、黄瓜、西红柿、豆角等体验活动。此外，教师还应巧妙利用自然资源开展户外体育运动，如利用田垄发展他们的平衡能力；利用小沟渠进行跳跃、跨跳的锻炼；利用天然的草地进行不同方式跑、跳、爬的游戏，发展幼儿手脚动作的协调性；利用广阔的户外空间玩躲猫猫等游戏，来发展幼儿躲闪动作的灵活性，还可利用竹子制作竹轿、拉力器、笔筒、竹水桶、竹梆子、快板、竹球和各类动物等。

通过走进自然活动，幼儿能够感受到浓郁的乡土气息，体验到家乡独特的自然资源，产生强烈爱家乡的情感。教师应引导幼儿进行身体锻炼，以促进其肌肉的生长和发育；促进幼儿的观察、想象、创造等能力的培养；通过激发幼儿的好奇心和求知欲，让他们在自然美景中身心愉悦。

2. 充分利用乡村人文资源

除自然资源外，乡村还拥有丰富的人文资源，如歌舞、音乐、绘画、雕塑、服饰、民间游戏、民间故事、童歌、童谣、民间艺术、土特产、风味小吃、乡风民俗等。这些人文资源都可以整合进乡村特色课程的教育课中，成为幼儿教育的重要手段。

利用乡村人文资源进行乡村特色课程建设，教师可以通过带领幼儿朗读童谣、品尝家乡风味小吃和土特产，游览当地名胜古迹、亲历风俗人情，感受家乡丰厚的历史文化底蕴和近年来所发生的巨大变化，丰富幼儿的艺术活动，拓宽幼儿的视野，提高幼儿对艺术的敏感性，激发幼儿的审美情趣，使幼儿逐渐形成积极、快乐、健康的人格；发扬和传承地方文化，做地方文化的传人。利用乡村人文资源进行乡村特色课程建设，其中一个行之有效的活动就是开展相应的主题活动，如开展“家乡服饰”主题活动，引导幼儿增加对家乡服饰的认知、培养幼儿对家乡服饰的情感。地方服饰，尤其是民族地区的服饰，由于具有鲜艳的颜色、精美的设计、生动的造型，对幼儿具有极大的吸引力。通过这一主题活动，可以使幼儿切身感受服饰的优美，了解服饰的制作过程，体会服饰制作的创造性，亲自进行服饰制作，培养幼儿的审美能力和动手能力。也可以开展以地方节日为主题的活动，让幼儿直接体验、感受节日的盛大场面、热闹气氛、欢快节奏和浓郁的人文气息。节日环境所特有的情境性、感染性、实践性、娱乐性能使幼儿在自然、宽松、愉快的氛围中主动参与实践活动，对于愉悦幼儿身心、增加对地方节日的认知和情感，都具有重要的作用。

3. 充分利用乡村社会资源

除自然、人文资源外，社会资源也是乡村学前教育特色课程建设可资利用的重要乡土资源。家长资源是乡村幼儿园重要的社会资源之一。《幼儿园教育指导纲要》指出：“家庭是幼儿园重要的合作伙伴。应本着尊重、平等、合作的原则，争取家长的理解、支持和主动参与，并积极支持、帮助家长提高教育能力。”乡村幼儿园应当深刻认识到利用家长资源对于园本课程建设的重要程度，并充分挖掘家长资源的潜力，“幼稚教育是一种很复杂的事情，不是家庭一方面能单独胜任的，也不是幼稚园一方面能单独胜任的，必定要两方面共同合作方能得到充分的功效”。家长资源既可以有效弥补乡村幼儿园资源之不足，而且还可以增强家长与幼儿的良性互动，促进幼儿的健康发展。乡村幼儿园应充分发挥家长的作用，鼓励家长参与到幼儿课程的开发和建设上，开展家园共育、共同促进学前教育的发展。为了有效促进家庭与幼儿园之间的了解与认识，就需要幼儿园经常开展合适的、多样化家校互动的活动，或是召开家长会，或是举办咨询会，抑或是开展谈心工作等，使得家长与幼儿园之间能够建立起稳定、通畅的沟通，并在很大程度上有助于幼儿园开展的教育教学等活动，并获得家长的理解，除此之外，还可以邀请部分家长参与到幼儿园的管理工作当中。幼儿园与家长建立起良好的关系，能够更好地促进幼儿的身心健康发展。幼儿园可以举办家长会、家长园地、家长沙龙等，对家长的家庭教育提供帮助和进行指导，提高家长教育水平。幼儿园也可以经常性地将具有某方面专长，如柳条加工等编织技能、玻璃工艺等制作技能、养鸡养鸭等养殖技能、培育豆苗等农副生产技能的家长请到学校，让他们给幼儿讲解有关技术。

社区资源也是乡村幼儿园可以利用的重要资源。社区是幼儿认识社会、认识世界的一个重要中介和窗口，是幼儿教育取之不尽、用之不竭的资源，也是幼儿教育的活教材。陶行知先生认为“大自然、大社会都是活的教材”，幼儿园应充分利用大自然和大社会这些活教材进行“活”教育。乡村幼儿园应当是没有围墙的学校，幼儿教育应当进行开放式教育，坚持走出去和请进来两条腿走路。对于乡村幼儿教师来说，可以带领幼儿到田间地头、农村菜场，抑或是乡村商店等地，更好地了解社会、认识社会，进一步增强幼儿对于社会的认知和情感，并且在一定程度上有效促进幼儿的社交能力得到提升；也可以开展形式多样的社区服务活动，以增强幼儿的社会服务意识，促进幼儿的良好品德和习惯的形成。乡村幼儿园可以经常邀请社区人员走进幼儿园，请他们向幼儿讲述与职业相关的知识。此外，乡村幼儿园也可以与社区合作开展丰富多彩、形式多样的活动，实现资源互补和共享。

（二）寓教育于游戏、活动之中

发展乡村学前教育必须坚持科学育儿，遵循幼儿身心发展规律和教育规律。幼儿具有好动的天性，所以，寄望于幼儿能够像成年人那样恪守规矩地学习，既不切实可行，也有碍于幼儿身心的全面发展。要实现幼儿园教育目的，必须根据儿童年龄特点进行有针对性的教育。根据幼儿学生的好动天性，教师需要积极探索、保护和引导幼儿内在的天性，以游戏为核心，将教育融入其中，使幼儿能够在活动中学习并接受教育。

游戏是在幼儿内在动机的驱动下自发、自愿、自主、无外在目的、能产生愉悦感的活动。游戏主要是以过程为导向、以乐趣为目的，动机发于内的自愿性、假想性、娱乐性活动。其一，游戏具有内在价值和外在价值两种价值。游戏的内在价值在于其本身，即游戏具有非功利性的价值。陈鹤琴高度强调游戏对于幼儿的内在价值，认为“游戏是儿童的心理特征，游戏是儿童的工作，游戏是儿童的生命”，因而主张幼儿园要采用游戏式的教学法去教导儿童。蒙台梭利认为，游戏就是幼儿的工作和基本活动，游戏是幼儿的天性，是幼儿最喜爱的活动和成长的重要形式。游戏具有愉悦身心、满足幼儿社交需要和幼儿好奇心的价值。“儿童游戏没有外在功利性目的，其‘无为’即无外在目的而为，但却带来了‘实为’的结果——儿童的身心发展。这一结果虽非刻意求之，但却自然得之。”其二，游戏的外在价值，在于其功利性价值，即游戏具有实现特定的教育目的和任务的功能。“对于教育者来说，游戏是发展儿童的手段，在他们将游戏纳入教育活动之时，便为游戏设立了外在目标——发展目标。”游戏是对幼儿进行全面发展教育的重要形式，是实现创造性学习、主动性学习、过程性学习的重要载体，“游戏是幼儿主导性的学习活动，幼儿在游戏中的学习是发现式的学习、自主性的学习、个体性的学习。游戏学习对幼儿是任何形式的学习都不能取代的、最重要的学习形式”。陈鹤琴指出：“游戏的直接用处，虽只是寻求快乐，然而间接的用处则甚大，因为它可以发展儿童的身心，敏捷儿童的感觉，于儿童的生活有莫大之功益。”[①] 游戏可以增强幼儿的体力，增加幼儿身体的协调性，锻炼强健的体

---

① 陈鹤琴．陈鹤琴全集 [M]．南京：江苏教育出版社，2008.

格，促进大肌肉、小肌肉的发展走、跑、跳、钻、爬、攀等能力和技巧；游戏可以开发智力，激发幼儿的想象力、思维力、创造力、语言能力、动手能力；可以丰富幼儿的情感体验、舒缓压力释放不良情绪，获取愉悦的情绪；可以培养幼儿初步的社会交往能力，促进社会性发展；能够有效促进幼儿的合作精神、规则意识和责任感的培养；激发幼儿的求知欲、拓展幼儿的认知领域、丰富幼儿的情感体验。可见，游戏对于幼儿而言，既是学习的目的，又是学习的手段，是促进幼儿和谐全面发展的最好方式。对教师而言，游戏是一种实施有效教育的重要手段。

“教学游戏化实质上是要使教学过程变为愉快、有趣、轻松和充分发挥学习者主体性的教育过程。其根本目的是较好地帮助儿童发展，实现教学目标，完成教学任务。”①

开展游戏化教学，教师应在游戏观念上解放思想。开展游戏化教学的最大的障碍，来自教师和家长对游戏的强烈偏见和误解，他们认识不到游戏对于幼儿发展的巨大潜在价值，认为只有知识传授和接受才是正道，而游戏纯粹是不务正业，因而在心理上轻视甚至抵制游戏，在实际行动中压制游戏活动的开展。要有效开展游戏化教学，教师应解放思想、更新观念，自觉加强对游戏理论的学习，提高对游戏价值的认知，增强开展游戏化教学的自觉性。

开展游戏化教学，教师应尊重、支持、指导和参与游戏活动。对于幼儿来说，游戏是一种最受欢迎、最高效的学习方式，主张幼儿享有游戏权利并保障其权利是确保儿童教育的必要措施。教师应尊重幼儿的这一基本权利，尊重幼儿选择游戏的意愿，鼓励幼儿制作玩具。教师应因地制宜地为幼儿创设游戏条件，如安排时间、选择材料、提供设施等。教师应根据幼儿特点和身心发展规律，灵活多样地设计游戏活动。游戏设计必须符合幼儿特点和身心发展规律，符合幼儿的内心需要，否则，就容易造成对幼儿的强制，将使本来兴趣盎然的游戏变得毫无乐趣；游戏要注重幼儿的年龄和个体差异，根据幼儿的年龄、兴趣和发展水平来确定游戏方式，并根据幼儿的年龄特点选择和指导游戏。在幼儿游戏中出现困难时，应及时给予指导；当幼儿出现畏难情绪，或游戏中出现挫折时，教师应及时给予鼓

① 石筠弢．学前教育课程论 [M]．北京：北京师范大学出版社，2012．

励和帮助。此外，教师还应在必要的时候以游戏者的身份参与游戏，鼓励、支持和引导幼儿进行游戏。

开展游戏化教学，教师应正确处理游戏的内在价值和外在价值的关系、工具性和目的性的关系。在现实生活中，往往存在着一种倾向，就是站在成人的立场上看待游戏，过分注重游戏的功利化、工具化价值，即过于注重游戏的教育价值，而忽视了游戏的实质和非功利化价值，即能使人获得快乐的活动，使本来其乐无穷的游戏被异化为纯粹工具化的活动和索然无味的东西。因此，只有合理地确定自发性游戏和生成游戏的比例，才能更好地促进幼儿的身心和谐发展。

（三）就地取材，自制玩具教具

开展乡村学前教育特色课程建设，还应就地取材、自制玩具教具。《幼儿园教育指导纲要（试行）》要求教师要“指导幼儿利用身边的物品或废旧材料制作玩具、手工艺品等来美化自己的生活或开展其他活动”，要“充分利用各种教育资源，扩展幼儿生活和学习空间，有效地促进幼儿全面发展”。

玩具和教具是两个不同的概念。所谓玩具，国家颁布的《国家玩具安全技术规范》将其定义为“设计用于或预定用于14岁以下儿童玩耍为目的的任何产品或材料”。玩具强调可玩性，而教具强调教育性；玩具是供儿童使用的，它要求适应儿童体力与智力发展水平，而教具是教师使用的，它要求做得大一些、好一些，结构简单一些，并能进行鲜明的演示。

玩教具在学前教育课程中具有不可或缺的重要作用。玩教具是课程的基本材料，教科书是满足幼儿爱玩好动天性和服务教师教育的基本材料，在课程建设中具有极其重要的地位。玩具是幼儿游戏的主要工具，是幼儿玩耍的基本材料，是幼儿的教科书，是幼儿的好伙伴和最天然的教科书。离开了玩具，幼儿就可能玩不起来，玩不好、玩不开心。陈鹤琴指出，小孩子玩儿，很少有空着手玩儿的。必须有许多玩的东西来帮助，幼儿才能玩得起来，才能满足幼儿玩儿的欲望，玩固然重要，玩具更为重要。教具是教师为了有趣、易懂的授课而制作的工具，如模型、实验器材、图表、幻灯等，为教学目的服务。教具在教育教学活动中占据着极其重要的地位，教具可以吸引幼儿注意力，为幼儿提供具体形象可感的器物，为幼儿提供在活动中经常能够自我教育的机会。

就地取材、自制玩具教具可以弥补乡村学前教育经费匮乏之不足。多年来，由于学前教育经费并未纳入政府财政预算。

就地取材、自制玩教具可以促进幼儿身心全面和谐发展。自制玩具教具，不仅可以弥补乡村财力之不足，也可以促进幼儿身心全面和谐发展。自制玩具和教具，可以满足幼儿的求知欲和好奇心，锻炼幼儿的动手能力、身体协调能力、想象力、观察力、创造力，培养幼儿热爱劳动、勤俭节约、自力更生、开拓创新的精神，还可以萌发幼儿初步的低碳环保意识。

鉴于自制玩教具的巨大效应，乡村幼儿园应积极鼓励教师和幼儿共同参与教具和玩具的自制过程。不同的幼儿园要保证选用的制作材料是干净、安全的，之后再依据当地的情况，选择常见、适宜的材料，基于创造性的奇思妙想进行教具的创作。在这一过程当中，需要充分发挥教师和幼儿的智慧和创造力，让废旧物品和民间传统的优秀教育资源重新焕发活力。

各地乡村幼儿园应从农村实际出发，动员社区、家长等各方力量，广泛利用本地丰富的自然资源及安全废旧物自制玩教具，广泛收集材料，将废弃的木块、边角料、布条等收集起来，作为玩具制作的基本素材。例如，利用泥巴制成泥人、泥塑等玩具，利用麻绳、木板做成简易秋千，利用破布制成布袋、钻筒，利用木头制成跷跷板、木马、平衡木等；利用废旧轮胎制成钻洞，利用废弃的饮料瓶制成拉力器等，利用废纸折动物、鸟、手枪、飞机、风车；利用废旧的模板和钢材制成攀登架、篮球架、滑梯等玩具，利用木料（木块、木桩、木刨花、木屑、木条等）进行手工制作；利用杏核、桃核等雕刻精美图案；利用自然物中各种植物的茎、叶、壳等进行编织、雕刻，利用泥巴制作各种实物和幼儿喜爱的动画人物；自制沙池、铁环、篮球架等体育器械。总的来说，尽管使用各种现今常见的材料制作的玩具在精美度等方面并不能与市场中销售的玩具相提并论，但是，这些玩具的制作过程有幼儿积极参与其中，就能够在这一过程当中满足幼儿的求知欲和探索精神，所以就会更受幼儿青睐，甚至于会成为他们最钟爱的玩具之一。

为提高幼儿的积极性，教师可以创造性地开展“玩具制作比赛”，以增加制作玩具的趣味性和竞争性。在制作过程中，教师一方面要为幼儿提供相应的素材，另一方面也要加强指导，及时给予幼儿以必要点拨和指点迷津的作用，但要注意不能包办代替。

第三节　加强乡村学前教育的政府主导作用

现如今，我国农村学前教育正处于一个历史性的转折点，既有前所未有的机遇，也面临着严峻的挑战。随着时代的变迁，农村学前教育的发展形势、要求、期待和条件已经发生了翻天覆地的变化，因此，我们必须更加积极主动地完善现有政策，以适应时代的发展需要，以便满足教育改革的要求和百姓的期望。

一、顶层设计农村学前教育发展政策

由于学前教育的本质和作用，政府在推动农村学前教育发展方面肩负着不可推卸的责任。在当前改善民生和推动教育改革发展的重要任务中，各级政府应当致力于推动农村学前教育的发展，以确保农村幼儿能够享受到高品质的学前教育。

（一）提高对农村学前教育重要性的认识

思想是行动的导向者，一个人所持有的思想观念将直接决定其所采取的行动。

1. 要强化全社会对农村学前教育重要性的认识

为了完善政府主导，必须对农村学前教育所占据的地位，以及发挥的作用进行重点强调，强调办好农村学前教育对于个人成长的重要意义，并强调办好农村学前教育对于全面建成小康社会的重要程度。应当深刻认识到农村学前教育的重要性，从国家发展战略和全面实现中华民族复兴的角度来看，这一领域的发展显得尤为关键。并且，应当广泛宣传党和国家有关农村学前教育发展的政策，深刻阐述政府主导的内涵，以及政府主导与民办学前教育发展之间的紧密联系，从而使人们更加深刻地认识政府主导的理念。农村学前教育在各级政府的战略规划中占据着至关重要的地位，因此必须将其置于优先发展的地位。

根据现代教育理论的研究，学前阶段是儿童形成各种行为、习惯和性格的重

要时期，而这一时期，环境和教育的影响构成了其行为和性格形成的基石。在人类成长的过程中，学前期扮演着至关重要的角色，它是塑造人类的好奇心、求知欲、想象力等非智力品质的关键时期。一般而言，缺乏适宜的学前教育和单调、贫乏的环境刺激会导致儿童的认知水平下降，但是，值得注意的是，如果通过提供丰富的感性经验和积极的引导，以及合理的帮助，并使其接受足够的教育，就能够在很大程度上有效促进儿童的认知发展。

农村教育事业的全面发展离不开农村学前教育，这是提高农村居民素质的基础性工程。农村地区作为农村社会的重要组成部分，承载着社会主义和谐社会建设发展的重要使命。因此，在新时期，我国必须重视和加强对农村学前教育工作的开展，尤其要加大对于农村学前教育的投入力度，提高农民群众对于幼儿教育的重视程度，从而促进农村学前教育的可持续健康发展。同样的道理，农村学前教育的蓬勃发展是整个学前教育体系中不可或缺的重要组成部分，其发展对于整个学前教育事业的繁荣，甚至于整个国家教育事业的进步都产生着深远的影响。只有对农村学前教育的现状进行深入研究并解决其中存在的问题，才能确保农村学前教育能够跟上时代发展的步伐，同时，也能够为整个国家的教育事业提供坚实的发展基础。总的来说，农村学前教育，作为一项公共事业，其责任不可推卸，必须由政府承担。

2. 转变教师观念

在农村学前教育的实施过程中，教师扮演着不可或缺的角色，他们是具体的执行者，并为办好学前教育作出重要贡献。现如今需要对幼儿的身心健康发展做到绝对的重视，并且明需要确幼儿在学习活动当中占据的主体地位，积极开展教师与学生的互动，激发幼儿在学习中的积极性和主动性。

当前，幼儿教育的进展受到学前教师观念的深刻影响，其中，最大的挑战在于农村学前教师存在“小学化”倾向，这一现象相当普遍。为了扭转农村学前教育普遍存在的小学化倾向，需要通过各种形式的活动，让人们认识到学前教育并非小学教育低龄化或小学教育的简单化，而是以幼儿的年龄特征、身心发展规律等特征为依据开展相应的教育，从而使得幼儿的身心健康能够实现和谐发展。

3. 转变家长观念

农村一些幼儿家长普遍将教育视为幼儿园的职责，认为将孩子送入幼儿园之后便不需要自己负责，并且，还有一些家长忙于农事难以抽出足够的时间来对孩子进行专业的教育工作。为了应对上述问题，教师可以创建一个互动手册，让家长能够及时了解到各种流行的、新型教育理念，并积极参与幼儿教育，同时也可以鼓励家长带着孩子劳动，以获取更多的知识和经验。此外，家长必须转变自身旧有观念，不再单纯地将教育认定为阅读和识字，要真正认识到幼儿的学习不止包含接受知识，必须深刻认识到“活动”才属于幼儿学习的主要方式。为了提高农村学前教育的质量，各级政府和幼教机构应该积极选择灵活多样的方式，向家长宣传先进的教育理念与教学方法，让他们深刻认识到学前教育在一个人的成长过程中扮演着至关重要的角色，并在此过程中，树立起顺应时代发展的幼儿教育价值观念，从而积极与幼儿园展开合作，进一步提升农村幼儿教学质量。

另外，农村幼儿园应当在一定的时间间隔内开展家长会，以便所有的家长都能够熟练掌握孩子的学习情况和成长情况在家长会上，幼儿教师需要引导家长明晰幼儿的心理特点，以及怎样在家中开展幼儿教育等等，应要求家长重视幼儿的身心健康发展，实现学校与家庭的通力合作，最终有效促进幼儿的健康成长。比如，在日常生活中，家长多注意与幼儿使用普通话交谈，并且，家长还可以采用普通话给幼儿讲故事、唱歌等，为幼儿营造一个良好的学习环境与氛围，最终通过家长与学校按照同一目标砥砺前行，使得孩子获得更为有利的发展条件。

4. 加强科学保教理念宣传

科学的保教需要完美契合幼儿的成长规律，以便更好地避免或纠正过度追求“小学化”的倾向。一般而言，人类智力的成长过程可以划分为三个不同的阶段，分别是从幼儿园到小学的浪漫阶段、从初中到高中的精确阶段、大学的综合运用阶段。在浪漫的阶段，孩子们开始体验、认知和探索世界，我们应该保护他们的纯真，激发他们的好奇心，积极引导其养成良好的生活习惯，帮助他们掌握与人沟通的技巧。

幼儿教育作为一项崇高的公益事业，旨在育人，但其发展不能简单地被推向市场，因为幼儿的教育和保育关系到整个社会中的每一个公民，幼儿的保育具有福利性质。总的来说，农村幼儿教育的重要性必须得到政府和教育行政部门领导的充分认可和高度重视，将农村幼儿教育纳入农村基础教育，并将其作为素质教育的首要环节加以重视，同时，将农村民办幼儿园的发展建设纳入当地教育事业的整体规划之中。为了规范管理农村民办幼儿园，县级教育局应设立专门的幼教干部，并明确分管领导；同时，乡镇教办也应该有专人负责幼教工作，明确职责、加强管理。为确保农村民办幼儿园的教育质量，教育督导部门将系统地展开督查、指导和评价工作，并将其纳入监管范围。专业的幼教教研员是教研部门必不可少的一部分，应该将教研的范围扩展到农村地区，特别是偏远的民办幼儿园基层，以提高教育质量。乡镇中心幼儿园尚未建立的情况下，教育行政部门和乡镇政府应当重点开展相关工作，以尽快完成建设，从而使得乡镇中心幼儿园更好地管理和指导所辖的村级幼儿园。同时，在县级领导下设立专门机构负责全县幼儿教师培训和管理工作，并对各乡村幼儿教育情况进行调研，及时向上级教育部门反映意见与建议。

（二）明确农村学前教育发展目标及标准

要推动农村学前教育的发展，必须解决发展主体的选择、发展内容的选择、实施措施的选择，以及发展的程度目标等关键问题。目前，在政府主导的过程中，首要任务是明晰以上疑问。

1. 政府主导农村学前教育发展的目标

现阶段基于政府主导的农村学前教育的未来发展，应当始终坚持以公办为主，主要接受政府投入，发扬其公益属性。除此之外，学前教育的发展机制需要得到进一步明确，包括政府主导、社会参与和公共财政支持等，这些因素相互结合，形成了一个完整的发展体系。

各级党委政府要带头抓好农村学前教育工作，主要负责人应亲自主持、全面负责、化解突出的矛盾，解决关键问题，要把学前教育放在优先发展地位，加大政府投入力度；建立全面有效的领导协调机制，激发各部门在资源调度和政策制定方面的积极性和创造性，进一步明晰各部门的职责，切实推行任务分工，加强统筹协调，形成协同推进学前教育发展的强大力量。为确保各级政府和相关部门的工作实绩，我们需要建立一套督促检查和考核奖惩机制，以评估政策是否得当、措施是否到位，以及是否能够充分解决入园难的问题，并将其纳入考核范围。在政府的主导下，农村学前教育的发展目标是初步构建一个将城乡居民涵盖在内的学前教育公共服务网络，以提供方便、高品质、多样化的学前教育服务为目标。其实现途径是以城乡基本教育均等化作为基础和前提，通过制度建设与创新来促进学前教育服务供给主体多元化、内容多样化、方式现代化、机制市场化等方面协调发展。

2. 政府主导农村学前教育发展的标准

在农村学前教育的发展中，政府应当注重并体现以下三个方面的主导作用：

（1）要准确理解和把握政府主导农村学前教育的功能

政府在主导农村学前教育方面的职责不仅仅限于简单的资金投入、服务提供和政策制定，而是应该具备多元化的特点。针对不同的地域，应采取因地制宜的策略，以达到最佳的效果。我国农村学前阶段存在着诸多问题，这与政府在该领域所发挥的主导作用密不可分。唯有加强政府在学前教育公共服务方面的职能，巧妙地发挥其主导作用，方能有效促进学前教育实现健康有序、迅捷平稳的发展。

（2）政府学前教育财政投入的结构分区得以优化

为了支持学前教育的发展，应该实行单列制度，并根据不同区域进行投资，其中一部分经费可以由中央财政全额承担，而另一部分则由中央和地方财政共同承担。按照一定的比例对学前教育事业的发展进行分别承担，并明确学前教育的投资主体，以促进学前教育的全面发展。在此情况下，方能妥善应对学前教育发展过程中所面临的诸多难题。

为了最大程度地优化有限的学前教育财政投入，我们必须进行合理的结构分区，以达到最优的实施效果和完美性。因此，对于实现学前教育的均衡发展和促进学前教育机会的公平至关重要。为了确保学前教育的公平发展，政府应当建立一套合理的分配机制，并运用多种转移支付方式，在照顾薄弱地区的同时，注重力度的把握，不能因为过度追求公平而忽视发达地区先进示范园的引领作用。

（3）对基层学前教育相关政策的约束适当放宽

我国的学前教育尚未被纳入义务教育体系，同时也未完全实现学前教育的市场化，因此，若是推行民办园为主的学前教育自由市场化教育，政府的主导作用将无法得到落实，这必然会导致对基层学前教育的管理疏漏。所以说，在学前教育的发展过程中，必须坚持政府的主导作用，适度减少对于基层公办和民办学前教育相关政策的限制，进一步展现政府的公共服务职能，将学前教育视为一项基础性和公共性的事业，并以有选择性的学前教育为最终目标。

基层公办幼儿园要在领会政策的同时，应灵活运用政府的各种政策导向支持，力求办成让公众满意的“示范园”。而民办幼儿园则主要应以增加学前教育的选择性、多样性和丰富性作为定位。应当不断地坚持在政府提供学前教育主要供给的前提下，在市场的自由竞争中不断提高促进儿童身心健康发展的良好的服务能力，这样不仅可以创造更加充足的学前教育资源，而且还可以增加高消费能力群体阶层的选择性，更重要的是可以成为一种调节贫富差距的有力手段。如此，有助于经济社会和谐稳定发展的政策举措何乐而不为呢？但是在对基层政策放宽的同时，政府也应该注意到不能对基层民办幼儿园过度依赖，否则会使学前教育事业失去最基础的支撑。这是由民办幼儿园的明显的趋利性所决定的，其对利益的过度追逐必然影响学前教育自身的发展，影响学前教育的公平性。当然，也不能对基层的公办幼儿园过度放任，因为这样会导致其缺乏主动创造性，对于政府过度的依赖会使公办幼儿园在与民办幼儿园竞争的过程当中慢慢地丧失其固有的优势，成为学前教育发展过程当中的“鸡肋”。

二、完善农村学前教育经费体制

我们需要将我们的主要精力集中在缓解“制度性短缺”和优化有限的教育资源配置上。为实现基本教育机会的公平，政府应将保障义务教育经费供给作为首要责任，而对于非义务教育，则应将经费为那些处境不利的地区和人群带来公正的受教育机会。幼儿教育作为基础教育的核心，应当确保每个孩子都能够平等地获得教育机会，这将对整个教育体系的发展和公正有着积极的影响。若我们不对农村幼教采取措施，忽视其起点的公平性，将导致过程和结果的不公平，这不仅对个人，也会给整个社会的发展带来巨大的潜在问题。针对当前农村幼教的落后现状，我们必须在保持城乡差距不扩大的前提下，进一步减小城乡之间的差距，除此之外，政府还应当特别注意加大对农村幼教的资金投入，以便更好地解决农村幼教所面临的生存危机。

（一）完善农村学前教育经费投入体制

《教育规划纲要》明确指出：“加大政府投入，完善成本合理分担机制，对家庭经济困难幼儿入园给予补助。”在农村学前教育的发展中，资金的注入、合理的分配和科学的管理不可或缺。为了改善农村孩子的生存和生活状况，政府应当设立专项经费，建立、完善投入体制与保障机制，对城乡困难家庭流动和留守幼儿等弱势群体接受学前教育的要求加以重点关注，以确保他们都能够接受学前教育，从而提高他们的生活质量。同时，必须加强对资金的科学化管理，确保其公开、公平、公正，以保障资金的合理使用。只有这样，才能使有限的财政资金发挥最大效益，才能使得政府机构建立起良好的公信力。农村学前教育专项经费的主要用途在于，资助建设具有公益性质和普惠性质的私立幼儿园；为提升农村幼儿园的教育质量，需对其办学条件进行优化；为了提升农村幼儿教育师资队伍的素质，推动其专业水平的不断提升等。

为全面建成小康社会，坚持对学前教育进行经费投入的重要性不言而喻。为确保学前教育的可持续发展，必须投入充足的经费，这是不可或缺的先决条件。我国政府对学前教育事业十分重视，加大了财政投入力度，为促进教育公平提供了强有力支持。幼儿园的办园条件和学前教师工资待遇问题，直接关系到学前教育质量的优劣，因此，对学前教育的经费投入必须予以高度重视。

在我国，学前教育所需的经费严重不足，这导致了事业发展所需的基本经费缺乏。在我国经济实力和财政能力有限的情况下，学前教育经费主要依靠财政拨款来保证。学前教育经费在全国教育经费总量中所占比例过低，且在过去的十年中一直处于停滞状态，这从根本上阻碍了学前教育事业的进一步发展。另外，学前教育一直是中央财政长期缺乏专项经费的领域，因此，各省、市、县也很少或没有专门用于该领域的经费。目前，国家财政投入有限，主要依靠政府拨款和社会捐赠等方式进行教育支出，其来源渠道单一、数额少，难以满足当前学前教育的需求。尤其是在体制转型时期，各级教育主管机构缺乏资金支持建立新的学前教育体制来应对事业发展中出现的新情况和新问题，这在很大程度上妨碍了学前教育事业的发展。在我国广袤的土地上，学前教育的发展呈现出明显的地域和城乡差异，许多经济欠发达地区和弱势学前群体并没有足够的资金支持他们的学前教育，这对学前教育的均衡发展造成了严重的负面影响。

综上所述，首先要解决人们对于学前教育在社会地位和作用方面的认知问题。学前教育，作为基础教育的重要组成部分，在教育事业中扮演着不可或缺的角色。对于政府部门来说，大力发展学前教育是其不可推卸的责任。政府应当加大对学前教育的资金投入，以促进其发展。为低收入家庭的学龄前儿童提供免费的教育、卫生保健、营养食品等，以满足他们在教育和服务方面的需求。

（二）建立和完善农村学前教育经费保障模式

为了实现学前免费教育的目标，我们需要在多个方面付出努力，包括但不限于以下方面：为了将农村学前教育纳入公共财政覆盖范围，各级政府必须深刻认识到并遵循“明确各级责任、市县镇共担、加大财政投入、提高保障水平、分步组织实施”的基本原则，以建立和完善农村学前教育经费保障模式。这一种资金保障模式主要涵盖以下三个方面：第一，采用专项经费模式。目前，农村学前教育的主要经费模式就是这一种，通过各级政府在财政预算中设立专项经费，逐年增加，以重点支持该领域的发展。各级政府应在教育财政预算中设立学前教育发展专项经费，优先考虑和满足农村教育发展的需要，切实保障农村地区学前儿童平等接受学前教育的机会和权利，扶持农村学前教育的发展。在学前教育经费的落实和使用方面，要具体、认真落实、教育经费的政策，逐步增加各级政府对教育的投入，适时、及时地向学前教育倾斜。对农村幼儿园经费实行“村收、乡镇管、村用”，专户储存、县市监督的管理方法，保证专款专用。并且要从学前教育的公益性特征出发，争取办园单位（特别是村）从公益金中提取一定比例，作为对所办幼儿园的补助。第二，以奖代补模式。就是通过开展比如“农村学前教育示范镇”“农村学前教育强县”等活动，对农村学前教育发展成效显著的政府进行重点奖励，从而带动各级政府投入更多资金发展农村学前教育，有效破解基层开展学前教育工作的资金瓶颈。第三，政府资助模式。加大对于弱势群体的重点资助政策力度。重点资助那些家庭经济困难的儿童、孤儿或革命烈士子女，解决好农村幼儿园布局调整后的幼儿班车、就餐、午休等问题，为农村儿童健康成长创造有利条件。

第四节　推动乡村学前教育的高质量发展

乡村学前教育高质量发展是以激发系统内生力为核心，以城乡教育资源均等化为手段，以满足人民群众对高质量教育需求为导向，以特色强、质量高为主要特征，突出乡村生态与文化特色，不断提高乡村教育发展的优质化程度和水平，由规模扩张转向结构升级，由外延式发展转向内涵式发展，实现城乡学前教育一体化和乡村幼儿园特色发展与乡村儿童的个性化成长的双重转型。

一、重塑乡村学前教育发展的质量观

乡村学前教育实现高质量发展的前提在于，充分认识作为客观条件与限定的现实场域，突破传统质量观与发展观的限制，创新高质量发展的实践新形式，即从现有的外控逻辑走向内生逻辑治理之路。立足新发展格局和乡村振兴战略，如何激发高质量发展的内生动力？从本质上讲，内生动力属于个体情感范畴，是个体对改变生活状态的心理诉求、生活愿景和情感表达，是社会发展中区别于制度力量和技术力量之外的一种柔性力量。精神力量如何转化为信念，是以系统化思维科学设计乡村学前教育高质量发展的观念先行。

首先，重构乡土文化，提升价值主体的自信心。乡村学前教育发展通过乡村社会公共服务体系与当地社区、环境这一生态环境的关系来实现乡村振兴战略对乡村教育的地位重塑及自信心提升极为重要。作为精神内核的乡土文化因素，乡村教育的文化性深层地决定着乡村教育育人价值，社会价值和文化价值的实现。

乡村学前教育必须有积极的坚定的乡土文化立场和乡土文化自觉。重构乡土文化，形成特色化发展，作用于学前教育和保育的实践变革，实践变革激励乡村学前教育的文化自信与理论自信。其次，树立多样化发展的质量观，增强教师的认同感。处于不同空间环境的人们，将有不同的文化存在感。文化存在感是人们通过特定空间的“具体化感知”，发现“位置感”，从而感知到是否被公平对待的内涵。社会层面的“文化身份歧视感”与乡村学前教师自身的职业认同感低并存。“悬浮”于乡村的学前教师作为“他者”限制了农村学前教育发展的想象空间。陶行知曾指出中国的乡村教育走错了路，它教人离开乡下往城里跑！这是根源于对乡村文化和教育质量观的错误认知。乡村学前教师应具有批判性精神和实践创新精神，成为真正能够认同乡土文化、理解乡村儿童生活世界的教师。在此基础上，还需具备一种“乡村素养”，将自己对乡风民俗、乡土伦理、乡村教育发展的理解与引领乡村儿童知识，情感，精神的全面发展统一起来，促进乡村文化和技艺的传承、乡村社会改进与儿童发展。最后，转变教师角色，重塑教育者的使命感。乡村学前教师的角色应转变为乡村教育运动的行动者与改造者，成为实践的主体。对本体研究过程进行归纳和推理形成乡村学前教育研究的经验和理论。通过主体感重新形塑自己理念，以“政治人”假设和“社会人”假设消除“经济人”假设的不良影响，追求国家正义价值而履行公共义务，自觉承担乡村教育的公共责任，内附于乡村文化振兴的使命感和成就感。

二、完善乡村学前教育资源分配制度

乡村学前教育高质量发展离不开政府政策方面提供的各类教育资源，教育资源要素的自由流动与优化配置是推动乡村学前教育高质量发展的重要途径。公共服务供给主体协同共生的组织模式和行为模式，能够使公共服务协同供给更加系统化、完备化，使各方主体共同合作、共同进化。

构建乡村学前教育资源分配制度，推进城乡教育一体化与均等化，有利于适龄儿童获得入学机会公平与就读优质学前教育园所的机会公平。

以教师资源、教学资源（含优质网络教学资源）等资源载体为关键抓手实现城乡教育资源均等化。具体策略为：在教师资源上，内外联动，完善人才培养模式与合作交流机制，打造优质导向的持续专业发展体系。乡村幼儿园在保障最低生师比基础上，应着力破解当前制约高质量发展的突出瓶颈和最大短板，即专业的合格教师的结构性匮乏。首先要开拓渠道，形成乡村学前教师定向培养机制。建立政府、高校和乡村间师资定向培养制度，确保学前教师输送更加精准有效，促进优质师资真正下沉到乡村一线，让优质教师分布更均衡。乡村学前教师招聘和培养过程采取优先原则，优先选择具有乡土情怀、教育情怀、有从教支教经历的师范院校毕业生到乡村任教，为乡村学前教师提供培训交流机会，以乡村教育实践取向的培训模式培育具有乡土情怀的新乡贤。其次要通过区域整合，建构城乡园际教师交流轮岗机制。城乡学前教育优质均等的关键在于区域内优质师资的均衡配置与流动。教师流动治理政策的公平正义性体现在基于义务均等原则，教师在城乡地理空间内定期轮换，通过编制划拨、薪资补偿、立法保障等方法推进优秀教师向乡村公办学前教育机构流动，以消解城乡教育生产和教育空间生产上的不平等，实现学前教育机会平等。再次要构建区域化教师发展共同体。教育行政部门要通过教师交流、学习研讨、共建课程等，鼓励不同办园体制不同类型机构之间开展教师合作学习，围绕乡土综合课程、项目式教学，多元教学评价、园本教研等方法进行针对性培训。

在教学资源上，乡村学前教育机构缺乏丰富多样且具有不同功能的软硬件保教资源，这正是“小学化”倾向的因素之一。为解决乡村“大班额”或“小班化”极端现象，满足人民群众对于普惠性学前教育的需要，根本问题是解决供给与需求相匹配的问题。园所布局在满足就近入学和辐射半径的基础上应依据适龄儿童学位供需关系和供需结构等具体情况提升精准化布局灵活化应对措施。在大力发展普惠性幼儿园满足适龄儿童的入学机会公平的基础上，出生率低的地区应将重点放在普惠性幼儿园的合理布局上，出生率高，流动儿童集中的区域在增加普惠性学前教育资源的基础上提高弱势儿童的公平入园机会。政府应按园所需要补足配齐乡村幼儿园安全保育与教学活动所需的硬件教学资源，建立城乡优质公共教学资源共享机制，促进异质性教学资源的融合。同时，建立信息化支撑的保教体系。适应人工智能时代教与学的变革，发挥在线教育优势，实现“时空压缩”和“弹性积累”压缩城乡学前教育的差距，拓展保教的时空领域和知识禀赋，为乡村学前教育创新发展赋予“智慧”支持。利用互联网技术创新东西部、城乡学前教育系统协作机制，让优质资源跨越地域现实，实现思维的同频共振；利用人工智能应用于未来学前教育系统创新探索幼儿学习，综合管理、资源建设等关键问题，助力于乡村学前教育机构保教过程的优化与创新。

三、深化乡村学前教育课程与教学改革

乡村学前教育高质量发展不仅需要实现城乡教育资源均等化，更要站在乡村教育本身的全局性功能和地方性知识生产的基础上，重视以儿童发展为内涵的制度创新与实践创新。在乡村振兴背景下，乡村学前教育高质量发展需剥离“农村学前教育城市化”现状，不能完全以东部和城市为目标和范本，也不能完全封闭化的依靠自身以“在地化”实验为核心，而是确立城乡学前教育平等的地位，探索“共生型教育”办学模式。在“共生型教育”模式中，强调农村教育作为具体的、独特的可持续发展的教育存在，是一个具有存在合理性与发展可能性的教育存在。乡村幼儿园要综合寻求乡村教育的优势与劣势，探索错位发展的新模式，“靠乡村振兴成教育优势，以教育优势促乡村振兴”的原则，基于自己持续发展进行生态化改革创新，形成独特的办学思路与格局，这是高质量学前教育实践的一种自如状态，也是农村学前教育实践自信的最佳状态。乡村幼儿园的特色发展应深化乡村学前课程与教学改革，实施人性化、个性化，科学化的安全保教工作。

乡村学前课程与教学改革的价值取向应基于儿童身心发展规律，关注儿童生存的意义，以建构儿童的可能生活为目标。维果茨基的社会文化发展理论，将儿童看作是在社会文化作用下的产物，认为个体的心理实质乃是移置在内部并成为个体的机能及其结构形式的社会关系的总和。乡村生活与乡土文化对于乡村儿童成长发展的特殊意义，不仅在知识论层面，更在存在论和认识论层面。儿童生命力的发展需将儿童的生活实际与乡村生活和乡村文化融合。

高质量的幼儿园教育与更好的智力和社会行为发展相关。教学活动以幼儿启蒙和幼儿发展为主，教师应充分激发幼儿的学习兴趣，通过适宜的课程、游戏或活动让幼儿在动作、语言、思维方面获得发展。与此同时，促进课程与儿童发展相关的连续性。一方面，促进幼小课程的科学衔接工作。2017 年，OECD《强势

开端V：幼小衔接》报告中明确指出，确保高质量学前教育的延续是儿童可持续发展的关键，其中学前和小学之间课程的有效衔接是做好质量延续的重要保障。另一方面，教师应创建最近发展区激活儿童经验，链接教育与生活，打通生活世界与教育生活的联系，使儿童获得个体人格的积极有序生成与发展和个体生命世界的整体培育。童年社会学的代表人物威廉·A. 科萨罗（William A.Corsaro）指出：社会化并不是一个适应和内化的问题，儿童与社会之间的关系是“占用与改造，革新和再构的过程”。重视儿童对文化常规的“阐释性再构”。儿童本身作为乡村文化生成者与创造者，教师充分帮助儿童感受知识生产和建构的过程，培养儿童将知识创造性转化的能力，塑造儿童应对未来生活的核心素养和激发内在生命力的潜能与特质。

乡村学前教育应注重为儿童创设良好、丰富的活动环境。以生态学为基础，乡村幼儿园的规划布局可以打破千篇一律的封闭型、活动布局单一，活动场地小的样态，开发半开放式、活动空间宽广、与大自然融合的环境亲近型幼儿园。乡村幼儿园应注重物理环境景观优化，自然景观视觉效果、娱乐价值与教育价值的融合创设；注重空间建筑围合，色彩主体和材料质感，在保证安全的基础上形成具有安全感和归属感的环境空间，满足幼儿的好奇心和自然体验；注重基础设施设备系统的安全隐患与环保卫生体系的优化设计，将游戏环境与保教工作融合到幼儿园一日教学活动中，提高环境空间与文化教育的协同和统一，潜移默化影响儿童习惯养成与学习品质提高。

四、创建“家园社”三级联动育人体系

美国学者 U. 布朗芬布伦纳（Urie Bronfenbrenner）创建的生物生态学理论认为，儿童的发展受到与其有直接或间接联系的生态环境的制约，这种生态环境中的微观系统和中间系统分别指儿童生活的场所及周边环境，如家庭、幼儿园、学校、邻居和社区，以及幼儿园与家庭，幼儿园与社区，家庭与社区等之间的关系或联系对儿童的发展有很大的影响。根据这一理论，我们应充分认识到构建“家园社”三级联动育人体系，不仅是为了消解乡村儿童教育情境中家庭文化资本与社会文化资本的弱势地位，更是因为每个儿童个性化的成长必然联结学校教育，

家庭教育与社会教育。当学前教育机构与父母和社区合作时，可以有效促进儿童跨环境体验的连续性，保持儿童学习和发展的一致性。三级联动育人体系践行价值主体协同育人的责任与担当。

首先，构建覆盖乡村的家庭教育指导服务体系，共同搭建儿童成长环境。家庭教育指导服务体系是深化教育改革，促进儿童健康成长的重大举措。为所有学前儿童的家庭，尤其是处境不利或有特殊需要儿童的家庭提供支持和帮助，有利于消解因父母角色“不在场”与隔代监护有心无力产生的教育失能、教育失职和教育迷失，避免儿童情感发展不完整对性格养成、行为习惯造成不良影响。开展家庭教育指导，不仅要让家长明确并自觉履行教育子女的法定职责，知晓自身的责任边界，做好自己分内的事，而且要让家长理解、认同和践行素质教育的根本理念，落实立德树人的根本任务。其次，建立长效沟通机制，创新活动方式，促进民主合作。高瞻课程研究基金会强调家庭参与的重要性，父母在学前教育领域的参与是非常重要的，尤其是对幼儿的发展和学业成就的获得的影响。为营造学生、教师、家长共同成长的健康生态，一方面幼儿园应在尊重每个家庭的独特性和整体性的基础上，鼓励家长积极参与学前儿童教育和保育；另一方面幼儿园利用新媒体技术链接交流平台或创新沟通方式实现双向互动，帮助父母及时了解儿童成长过程中样态，而且教师还可以时刻准备着接受父母邀请参与亲子交流及安排家访与家长共享信息，共同关注儿童的成长与呵护儿童的心灵。再次，创新机制，探索乡村社区教育新模式。乡村文化资源和社会资源是凸显乡村场域教育空间特质的天然条件，既是自然的具有儒化功能的教育资源，也可以经过系统的人为设计转化为丰富多元的课程与教学形式，建构起区别于城市学前教育系统的社区教育模式。创新既需要突破原有教育视野，尊重儿童成长的连续性，也要将家长作为儿童早期教育或者学前教育的教育对象，从园所到家庭、社区再到整个社会建设都串联成一条线，真正为儿童发展创造一个良好条件。

参考文献

[1] 虞永平，张斌 . 学前教育 [M]. 北京：科学出版社，2018.

[2] 冯永刚，刘浩 . 学前教育 [M]. 济南：山东大学出版社，2009.

[3] 牟洁，李敏 . 学前教育技术 [M]. 长春：吉林人民出版社有限责任公司，2021.

[4] 吉执来 . 学前教育管理学 [M]. 西安：西北大学出版社，2019.

[5] 王亚辉，卢云峰，王海燕 . 学前教育政策法规 [M]. 北京：北京理工大学出版社，2019.

[6] 李红婷 . 嬗变与选择中国乡村家庭与学前教育 [M]. 长沙：湖南师范大学出版社，2013.

[7] 伊继东，封海清，候德东 . 教育与区域发展研究 2012[M]. 昆明：云南人民出版社，2013.

[8] 庞丽娟，洪秀敏 . 中国学前教育发展报告农村学前教育 [M]. 北京：北京师范大学出版社，2013.

[9] 李卓 . 改革与发展学前教育若干热点问题研究 [M]. 沈阳：辽宁人民出版社，2018.

[10] 马娥 . 农村学前教师供给研究 [M]. 北京：中国社会科学出版社，2017.

[11] 胡福贞，钟雪 . 乡村幼儿教师“归乡”：逻辑意蕴、现实困境、路径探索 [J]. 重庆第二师范学院学报，2023，36（01）：81-86.

[12] 孙临珠 . 乡村学前教育的问题分析与路径选择 [J]. 知识文库，2023（02）：196-198.

[13] 张曦，王光文 . 乡村振兴背景下的学前教育研究知识图谱简析 [J]. 贵州师范学院学报，2022，38（10）：16-23.

[14] 贾子高 . 西部乡村地区学前教育的筹资方式探究 [J]. 农村经济与科技，2022，33（11）：226-228.

[15] 杨雄，杨晓萍 . 乡村振兴战略下幼有优育的实践逻辑 [J]. 天津师范大学学报（基础教育版），2022，23（04）：31-36.

[16] 尹坚勤，何锋 . 新时代乡村学前教育发展路径的构想 [J]. 农村工作通讯，2022（08）：52-54.

[17] 张曦 . 以专业优势助力乡村学前教育发展 [J]. 当代贵州，2022（14）：64-65.

[18] 孙菁 . 乡村振兴背景下高职学前教育专业钢琴教学改革研究 [J]. 大众文艺，2022（05）：155-157.

[19] 王鉴，谢雨宸 . 乡村学前教育高质量发展的内涵、逻辑与长效机制 [J]. 东北师大学报（哲学社会科学版），2022（02）：1-9+37.

[20] 杨川，周蕾，鄢超云 . 行动者网络理论视域下乡村学前教育发展的内生路径 [J]. 学前教育研究，2022（01）：70-82.

[21] 汪世鹏 . 我国城乡学前教育公平的实证研究 [D]. 武汉：华中师范大学，2022.

[22] 邓少雯 . 城乡一体化背景下乡村幼儿教师职业吸引力研究 [D]. 淮北：淮北师范大学，2021.

[23] 张雅雯 . 乡村幼儿园创建社区大学的叙事研究 [D]. 新乡：河南师范大学，2021.

[24] 王菊 . 精准扶教：昆明市 S 幼儿园引领乡村幼儿园发展的个案研究 [D]. 昆明：云南师范大学，2020.

[25] 程芳 . 农村学前教育现代化发展策略研究 [D]. 合肥：安徽农业大学，2020.

[26] 元伟霞 . 乡村振兴战略下我国学前教育城乡均衡发展问题研究 [D]. 郑州：郑州大学，2020.

[27] 胡傲 . 贵州乡村学前教育有效供给问题研究 [D]. 贵阳：贵州财经大学，2019.

[28] 雷碧洋 . 乡村学前教育公共服务的保障机制研究 [D]. 长沙：湖南师范大学，2018.

[29] 王霞 . 张宗麟乡村幼稚教育思想研究 [D]. 信阳：信阳师范学院，2017.

[30] 贾周芳 . 乡村学前教育的变革与发展 [D]. 兰州：西北师范大学，2016.